Patrick Zobrist · Harro Dietrich Kähler

Soziale Arbeit in Zwangskontexten

Wie unerwünschte Hilfe erfolgreich sein kann

3., vollständig überarbeitete Auflage
Mit 2 Abbildungen und 7 Tabellen

Ernst Reinhardt Verlag München Basel

Patrick Zobrist, M.A., Sozialarbeiter, ist Dozent und Projektleiter am Institut Sozialarbeit und Recht der Hochschule Luzern (Schweiz).

Prof. Dr. *Harro Dietrich Kähler* ist Redakteur des Internet-Rezensionsdienstes für Fachbücher zu Sozialwirtschaft und Sozialwesen www.socialnet.de / rezensionen.

Außerdem im Ernst Reinhardt Verlag erschienen:
Klug, W., Zobrist, P.: Motivierte Klienten trotz Zwangskontext
(2. Aufl. 2016, ISBN 978-3-497-02593-0)

Bibliografische Information der Deutschen Nationalbibliothek

Die Deutsche Nationalbibliothek verzeichnet diese Publikation in der Deutschen Nationalbibliografie; detaillierte bibliografische Daten sind im Internet über <http://dnb.d-nb.de> abrufbar.

ISBN 978-3-497-02694-4 (Print)
ISBN 978-3-497-60383-1 (PDF)
3. Auflage

© 2017 by Ernst Reinhardt, GmbH & Co KG, Verlag, München

Dieses Werk, einschließlich aller seiner Teile, ist urheberrechtlich geschützt. Jede Verwertung außerhalb der engen Grenzen des Urheberrechtsgesetzes ist ohne schriftliche Zustimmung der Ernst Reinhardt GmbH & Co KG, München, unzulässig und strafbar. Das gilt insbesondere für Vervielfältigungen, Übersetzungen in andere Sprachen, Mikroverfilmungen und für die Einspeicherung und Verarbeitung in elektronischen Systemen.

Printed in Germany
Reihenkonzeption Umschlag: Oliver Linke, Hohenschäftlarn
Cover unter Verwendung eines Fotos von © Florian Aichhorn–PixelQuelle.de
Satz: SatzBild GbR, Ursula Weisgerber

Ernst Reinhardt Verlag, Kemnatenstr. 46, D-80639 München
Net: www.reinhardt-verlag.de E-Mail: info@reinhardt-verlag.de

Inhalt

Vorwort zur dritten Auflage		7
1	Einführung und Übersicht	10
2	Was sind Zwangskontexte?	14
2.1	Selbstinitiative als verdeckte Grundannahme Sozialer Arbeit?	15
2.2	Initiative zur Kontaktaufnahme durch Netzwerkangehörige	20
2.3	Initiative zur Kontaktaufnahme aufgrund rechtlicher Vorgaben	23
2.4	Zwang und Zwangskontexte der Sozialen Arbeit	25
3	Methodisches Handeln in Zwangskontexten	33
3.1	Änderungschancen in Zwangskontexten	35
3.2	Annahmen und Haltungen	41
3.3	Methodische Prinzipien – das „ABC" in Zwangskontexten	49
4	Auftrags- und Rollenklärung („A")	53
5	Motivation („B")	64
5.1	Modelle der Motivation	65
5.2	Transtheoretisches Modell der Veränderung und stufengerechte Intervention	74
5.3	Förderung der Problemeinsicht	80
5.4	Ambivalenzenklärung und „Change-Talk"	88
5.5	Entwicklung und Aushandlung von Zielen	91
5.6	Ressourcenorientierung	94
6	Beziehungsgestaltung in Zwangskontexten („C")	97
6.1	Reaktionen auf Einschränkungen der Handlungsspielräume – Reaktanz	97
6.2	Umgang mit „Widerstand"	105

6.3	Beziehungsdynamiken und Beziehungsprinzipien	108
6.4	Techniken der Beziehungsgestaltung	116
7	**Soziale Arbeit in Zwangskontexten – Fazit und Ausblick**	**125**
Literatur		**130**
Sachregister		**138**

Vorwort zur dritten Auflage

Zwangskontexte waren schon immer ein Merkmal Sozialer Arbeit, und die Vorstellung, dass die Gleichzeitigkeit von Hilfe und Kontrolle genuin zur Sozialen Arbeit gehört, wird heute kaum noch infrage gestellt. Dennoch bleibt die Methodenliteratur zu dieser Thematik vergleichsweise bescheiden. Im deutschsprachigen Raum hat die vertiefte Auseinandersetzung mit Zwangskontexten der Sozialen Arbeit erst in den 2000er-Jahren begonnen. Die explorative Studie von Kähler (2005), die in der ersten Auflage dieses Buches vorgestellt wurde, wurde häufig im Diskurs aufgenommen. Zu Beginn der methodischen Positionierungen wurde noch diskutiert, ob mit Klientinnen und Klienten in Zwangskontexten angesichts ihrer „Unfreiwilligkeit" überhaupt professionell gearbeitet werden könne. Dies scheint sich mit Blick auf die spezifischen methodischen Beiträge der letzten Jahre (systemische Beratung und Therapie, motivierende Gesprächsführung/Motivational Interviewing (MI), psychologische Motivationsförderung) geklärt zu haben: Eine effektive Hilfe trotz Zwangskontext scheint möglich zu sein, sofern eine spezifische Methodik eingesetzt wird. Diese verschiedenen methodischen Anknüpfungspunkte wurden in der zweiten Auflage dieses Buches (Kähler/Zobrist 2013) als Erweiterung der Grundlagen von 2005 vorgestellt. Dabei haben insbesondere Techniken zur Förderung der Veränderungsmotivation (vertiefend: Klug/Zobrist 2016), Ansätze zur Beziehungsgestaltung und zum Umgang mit „Widerstand" den Eingang ins Methodenrepertoire gefunden.

In der Diskussion in jüngerer Zeit stand weniger die Eignung von Methoden im Vordergrund, vielmehr wurde nach dem professionsbezogenen Sollen und Dürfen gefragt: Dürfen psychosoziale Interventionen überhaupt „Beratung" genannt werden, wenn sie in Zwangskontexten stattfinden (Nestmann 2012)? Oder: Sind Zwangsmittel nicht sozialpädagogische „Irrwege" (Lutz 2011)? Diese Auseinandersetzungen haben u.a. zur Frage geführt, was überhaupt unter Zwangskontexten zu verstehen sei. Die von Kähler (2005, 7) entwickelte (und sich an die angelsächsische Position anlehnende) Definition, wonach es um Zwangskontexte geht, „wenn andere Menschen darauf drängen, dass jemand einen Sozialen Dienst aufsucht, oder wenn jemand durch gesetzliche Vorgaben zur Kontaktaufnahme mit einem Sozialen Dienst verpflichtet wird", wurde zwischenzeitlich kritisiert. Denn die Initiative zur Kontaktaufnahme könne nicht mit strukturellen Zwangsbedingungen gleichgesetzt werden, der Begriff „Zwang" sei zu weit gefasst, der Zwangskontext gehe meistens über die Kontaktaufnahme hinaus und zeige sich im gesamten Interventionsverlauf als konstitutives Merkmal (Kaminsky 2015).

Diese Kritik wurde in der neuen Auflage aufgenommen. Es wurde versucht, noch deutlicher zwischen der strukturellen/kontextuellen Dimension (Handlungsspielräume, Zwangsbedingungen, normative Rahmenbedingungen, Macht) auf der einen Seite und der individuellen Dimension (Kontaktinitiative, Motivation) auf der anderen Seite zu unterscheiden. Ebenfalls wurde versucht, einige Ausführungen aus der zweiten Auflage, die sich in der Lehre und in Praxisprojekten als wichtig herausgestellt haben, differenzierter darzustellen.

Bezogen auf das methodische Repertoire wurden die in der zweiten Auflage eingeführten und in der Praxis bewährten Anknüpfungspunkte aus didaktischen Gründen neu gegliedert und als methodisches „ABC" in Zwangskontexten vorgestellt: Neu wird zwischen den Elementen der Auftrags- und Rollenklärung („A") einerseits, die auf die strukturellen/kontextbezogenen Aspekte eingehen, und der Arbeit an der Veränderungsmotivation und dem Umgang mit der Unfreiwilligkeit („B") andererseits, die eher die individuelle Dimension in Zwangskontexten betonen, unterschieden. Als drittes Element („C") werden verschiedene methodische Anknüpfungspunkte zum Umgang mit „Widerstand" und zur Beziehungsgestaltung in Zwangskontexten zusammengeführt. Diese Neugliederung orientiert sich an forschungsbasierten Faktoren und soll insbesondere Studierende in der Sozialen Arbeit unterstützen, sich in der methodischen Vielfalt zurechtzufinden. Das Buch wendet sich ebenfalls an erfahrene Fachkräfte, nicht nur aus der Sozialen Arbeit, sondern auch aus anderen Berufsgruppen, die in Zwangskontexten tätig sind (forensische Psychotherapie, psychiatrische Pflege, Mediation). Es soll dabei helfen, das bewährte Handeln und das vorhandene Erfahrungswissen in Zwangskontexten zu reflektieren und zu erweitern. Vielleicht regt die aktuelle Auflage die Forschenden dazu an, die Verläufe und Dynamiken in Zwangskontexten genauer zu untersuchen. Der Forschungsstand erscheint unbefriedigend, und die sozialarbeitstheoretischen, normativen und ethischen Positionierungen zu Zwangskontexten sollten die empirischen Fakten unbedingt mitberücksichtigen. Die Weiterentwicklung einer Zwangskontextmethodik setzt ebenfalls vertiefte empirische Befunde voraus.

Die dritte Fassung des Buches baut (wie schon die zweite Auflage) auf den von Harro Kähler entwickelten Grundlagen der ersten Auflage auf. Die zweite Auflage wurde von beiden Autoren gemeinsam bearbeitet, die hier vorgelegte dritte Auflage liegt allein in der Verantwortung von Patrick Zobrist. Er dankt dem Koautor Harro Kähler sehr herzlich für seine fachliche und menschliche Unterstützung!

Bei der Überarbeitung wurde darauf geachtet, eine geschlechtersensible Sprache zu wählen. Sofern keine geschlechterneutralen Bezeichnungen zur Anwendung gelangten, wurden weibliche und männliche Formen wenn möglich abwechselnd eingesetzt. Das andere Geschlecht ist jeweils mitgemeint. Die Adressatinnen der Sozialen Arbeit werden durchgehend als Klienten oder Klientinnen bezeichnet, was in der Zwangskontextsituation als angemessen erscheint. Die Begriffe Sozialarbeiterin und Sozialpädagoge werden synonym verwendet.

Alle im Buch ausgeführten Beispiele stammen aus Fallbesprechungen in Praxisseminaren des Erstautors oder aus seiner eigenen Berufspraxis in der Straffälligenhilfe. Für die vielen Anregungen zur Methodik in Zwangskontexten bedanken wir uns bei den kritischen und engagierten Studierenden (und den Fachkräften in der Weiterbildung) an der Hochschule Luzern – Soziale Arbeit (Schweiz). Ein Dank geht an die Luzerner Kollegen Daniel Schaufelberger und Gregor Husi für ihre Hinweise zur Auftrags- und Rollenklärung respektive zur soziologischen Rahmung des Gegenstandes. Auch wenn es – vielleicht mithilfe dieses Buches – besser gelingen sollte, den herausfordernden Klientinnen und Klienten eine adäquate psychosoziale Unterstützung zukommen zu lassen, bleibt die Tätigkeit in diesem Feld für alle Beteiligten ambivalent und ein Balanceakt, wie dies eine schweizerische Klientin mit einer Beistandschaft (gesetzliche Betreuung) am Schluss eines Interviews in einem studentischen Projekt treffend ausgedrückt hat:

„Eigentlich ist es nicht schön, wenn man so einen Beistand bekommt. Andererseits ist es wirklich eine große Hilfe und eine Erleichterung, aber man ist ja nicht gleich so stolz darauf. Das finde ich wichtig."

Luzern (Schweiz), im Herbst 2016
Patrick Zobrist

1   Einführung und Übersicht

Wenn Menschen ihre Lebensverhältnisse oder ihr Verhalten verändern wollen, suchen sie – wenn die vorhandenen Ressourcen, auch aus dem eigenen sozialen Umfeld, für derartige Änderungen nicht ausreichen – Unterstützung von anderer Seite. Dabei kommen auch Soziale Dienste wie Allgemeine Sozialdienste oder Beratungsstellen – generell professionelle Helfer unterschiedlichster Art – in Betracht. Bei der Suche nach derartigen Anlaufstellen und bei der Überwindung möglicher Hemmschwellen helfen häufig Personen aus dem sozialen Netzwerk durch Weitergabe von Informationen oder durch persönliche Ermutigung. Derartige Außeneinflüsse üben mithin einen unterstützenden Effekt auf die Entscheidung des Betroffenen bei der Kontaktaufnahme aus und sind in aller Regel willkommen. Die Entscheidung zur Aufnahme des Kontaktes mit einer unterstützenden Institution oder Person verbleibt im Wesentlichen in der Autonomie des Betroffenen. Die Kontaktaufnahme erfolgt selbst initiiert, sie fußt nicht auf Druck von außen. Der Impuls zur Kontaktaufnahme liegt demnach in den Lebensumständen begründet, die jemand gern ändern möchte, und resultiert nicht in irgendwie geartetem Druck von außen. Was ist aber, wenn Dritte eine Situation bei Klientinnen problematisieren und eine Problemlösung nachdrücklich verlangen? Hier handelt es sich also um von außen initiierte oder fremdinitiierte Kontaktaufnahmen. Der dabei ausgeübte Druck oder Zwang kann dabei eher milde sein, etwa wenn jemand seinen Partner ab und an „stichelt", doch eine Beratungsstelle aufzusuchen, weil er mit Geld nicht richtig umgehen könne, oder auch massiv, etwa wenn Kontakte zu einer Bewährungshelferin mit der Androhung der Aufhebung der Bewährungsaussetzung durchgesetzt werden. Auf den ersten Blick kann also zwischen selbst initiierten, „freiwilligen" und fremdinitiierten, „gezwungenen" Klientinnen unterschieden werden:

BEISPIEL

H. befindet sich in einer stationären **Suchtbehandlung**. Er konsumiert seit Jahren Heroin und Kokain. Das Gericht hat im Rahmen eines Strafverfahrens die stationäre Suchtbehandlung angeordnet. Bricht er die Therapie ab, muss er eine dreijährige Freiheitsstrafe absitzen. In derselben Therapiegruppe lebt auch F. Sie ist ebenfalls suchtmittelabhängig und hat sich entschieden, ihr Leben zu verändern. Sie ist vor kurzer Zeit Mutter

geworden und möchte zusammen mit ihrem Freund und dem Kind eine neue Zukunft aufbauen.
Die Familie H. bekommt einmal pro Woche Besuch von der **sozialpädagogischen Familienhilfe**. Durch die psychische Erkrankung des Vaters ist das Familiengefüge ins Strudeln geraten. Die aufsuchende Familienarbeit wurde auf den Vorschlag der behandelnden Psychiaterin eingesetzt. Die H.'s sind froh, dass jemand regelmäßig vorbeikommt.
Die Familienhilfe besucht auch die Familie B. Hier wurde die Familienbegleitung im Rahmen eines Kinderschutzverfahrens angeordnet, andernfalls droht eine Unterbringung des ältesten Sohnes.
K., die mit erheblichen Verhaltensproblemen in der Schule aufgefallen ist, lebt seit mehreren Wochen in einer Einrichtung der **stationären Jugendhilfe**. Den Eltern wurde das Aufenthaltsbestimmungsrecht entzogen. Mirjam wäre lieber bei den Eltern wohnen geblieben.
In der Einrichtung lebt auch M. Seine Eltern sind froh, für ihren „schwierigen Jungen" eine gute Lösung gefunden zu haben. Der Eintritt kam nach freiwilligen Beratungen durch die Schulsozialarbeiterin und mit dem Jugendamt zustande.

Wie beurteilen Sie diese Situationen? Wo handelt es sich um freiwillige Klienten? Welche Fälle halten Sie für Erfolg versprechend? Diese sechs Fallsituationen in drei verschiedenen Arbeitsfeldern der Sozialen Arbeit wurden verschiedenen Fachkräften vorgelegt, die sich in ihrer Fortbildung mit Zwangskontexten beschäftigten:

Die Praktikerinnen wurden gebeten, die jeweiligen Fallsituationen bezogen auf ihren Freiwilligkeitsgrad einzuschätzen und die Erfolgsaussichten zu beurteilen. Nach anfänglich eindeutigen Zuordnungen, welche Fälle einem Zwangskontext entsprechen und welche Situationen eher als „freiwillig" anzusehen sind, führte die Diskussion über die Erfolgsaussichten der Interventionen durch die Soziale Arbeit zu einer Revision der anfänglichen Beurteilungen: Die Situationen erwiesen sich aus Sicht der erfahrenen Fachkräfte auf den zweiten Blick als nicht eindeutig hinsichtlich der vorliegenden Freiheitsgrade, der Veränderungsmotivation, der Einflussfaktoren auf die Kontaktaufnahme und der Veränderungschancen. Während bei der ersten Einschätzung der Fälle in der Tendenz davon ausgegangen wurde, dass die Situationen von H., Familie B. und K. deutlich einen Zwangskontextcharakter hätten und dementsprechend mit geringen Erfolgsaussichten zu rechnen sei, weil von einer tiefen oder „nur extrinsischen" Motivation ausgegangen werden müsste, relativierten sich die Urteile bei der Kontrastierung dieser Situationen mit den vermeintlich als

„freiwillig" etikettierten Fällen. Im Resümee wurde festgestellt, dass weniger die Zuschreibungen von Freiwilligkeit oder die Initiative zur Kontaktaufnahme (Selbstinitiative versus Fremdinitiative) als bedeutend erschienen. Vielmehr wurden – begründet durch das Erfahrungswissen der Praktiker – die Hilfeakzeptanz, das Problembewusstsein, die Ziele und Perspektiven, die Kooperationsbereitschaft, die Ressourcen zur Veränderung, die Unterstützung der sozialen Netzwerke und die Beziehung zwischen Klientin und Sozialpädagogin sowie die institutionellen und kontextuellen Bedingungen des Falles, d. h. die jeweiligen Handlungsspielräume der Akteure, als Erfolgsfaktoren identifiziert. Gleichzeitig waren sich die Fachkräfte einig, dass Menschen, deren Handlungsspielräume durch gerichtliche Anordnungen oder Druck aus dem sozialen Netzwerk eingeschränkt sind, die über wenig Veränderungsmotivation verfügen und zu denen sich nur schwer eine Arbeitsbeziehung aufbauen lässt, als schwierig und „hard to reach" gelten. Die differenzierte Betrachtung, wie Zwangskontexte in der Sozialen Arbeit verstanden werden können, welche Einflussfaktoren von Bedeutung sind und wie methodisch mit Klienten in Zwangskontexten umgegangen werden kann, ist die Absicht dieses Buches.

Im nachfolgenden zweiten Kapitel soll zunächst das Phänomen „Zwangskontexte" genauer betrachtet und eine begriffliche Rahmung dafür gefunden werden, welche Merkmale einen Zwangskontext in der Sozialen Arbeit prägen und welche strukturellen und personalen Dimensionen von Bedeutung sind. Ebenfalls soll zwischen Zwangskontexten und Zwangselementen unterschieden werden. Diese Betrachtung ist einerseits für das methodische Grundverständnis, welche Klientinnen-Helfer-Konstellationen die Arbeit in Zwangskontexten ausmachen, wichtig. Andererseits führt die Betrachtung der Entstehungsbedingungen von Zwangskontexten und der Verlaufsfaktoren zu den Anknüpfungspunkten für das professionelle Handeln: Wo kann Einfluss genommen werden, auf welche Punkte sind zu achten? Das dritte Kapitel umschreibt die allgemeinen methodischen Prinzipien in Zwangskontexten, beleuchtet die Hinweise aus der Forschung und identifiziert mögliche Wirkfaktoren. Daraus werden drei größere methodische Themenbereiche, ein „ABC" in Zwangskontexten, abgeleitet: die Auftrags- und Rollenklärung („A), die in Kapitel 4 aufgenommen wird, die Arbeit an der Motivation („B"), auf die Kapitel 5 fokussiert, und die bewusste Gestaltung der Beziehung („C") mit Menschen, die möglicherweise dem Kontakt mit der Fachkraft eher abgeneigt sind, die in Kapitel 6 thematisiert wird. Das 7. und letzte Kapitel versucht, ein Fazit zu ziehen und offene Fragen zu benennen.

Das Ziel der Darstellungen ist die Erarbeitung allgemeiner Grundprinzipien und methodischer Handlungsmaximen, die für sich in Anspruch nehmen können, in unterschiedlichen Arbeitsfeldern und relativ unabhängig von einzelnen methodischen Grundausrichtungen Erfolg versprechend zu sein. Hinweise auf bestimmte Arbeitsfelder wie die Psychiatrie oder die Bewährungshilfe, Anleihen bei bestimmten methodischen Ausrichtungen wie der systemischen Schule oder der kognitiven Verhaltenstherapie können dabei immer nur als beispielhaft angesehen werden, deuten jedoch an, dass die vorgestellten Anregungen jeweils für ein bestimmtes Arbeitsfeld und vor dem Hintergrund einer bevorzugten theoretischen bzw. methodischen Ausrichtung weitergehende Konkretisierungen und Differenzierungen erfordern. Hampe-Grosser (2003, 158) hat die positive Handhabung von Zwangskontexten noch 2003 als „in den Kinderschuhen steckend" eingeschätzt. Wichtig erscheint – auch wenn sich die Methodik deutlich weiterentwickelt hat – eine reflexive Anpassung an die verschiedenen Arbeitsfelder und -konstellationen.

2 Was sind Zwangskontexte?

Die eingeführte Unterscheidung zwischen selbst und fremdinitiierten Klientinnen geht zurück auf die Dimension der Kontaktaufnahme mit einem Sozialen Dienst: Wer hatte die Idee, professionelle Hilfe aufzusuchen? In Anlehnung an entsprechende Vorschläge in der Literatur (Rooney 1992; Rooney 2009; Ivanoff et al. 1994; Trotter 2001) lassen sich die Klientengruppen unterscheiden in

- selbst initiierte Kontaktaufnahmen (die Initiative für die Kontaktaufnahme geht von der jeweiligen Person selbst aus),
- Kontaktaufnahmen durch Einflüsse des informellen oder formellen Netzwerks,
- Kontaktaufnahmen aufgrund rechtlicher Vorgaben.

Diese Grobeinteilung, welche das Phänomen Zwangskontext nur bezogen auf einen einzelnen Aspekt, die Kontaktinitiative, begrifflich fassen kann, soll zunächst helfen, sich der Konstituierung von Zwangskontexten anzunähern. Zum Abschluss des Kapitels wird dann eine im Vergleich zur bisherigen Position, wonach ein Zwangskontext vorliegt, „wenn andere Menschen darauf drängen, dass jemand einen Sozialen Dienst aufsucht, oder wenn jemand durch gesetzliche Vorgaben zur Kontaktaufnahme mit einem Sozialen Dienst verpflichtet ist" (Kähler/Zobrist 2013, 9), modifizierte begriffliche Rahmung vorgeschlagen. Dabei sollen insbesondere die strukturelle und die individuelle Dimension in Zwangskontexten unterschieden und Zwangskontexte von Zwang im engeren Sinne abgegrenzt werden. Um es vorwegzunehmen: Nicht alle fremdinitiierten Kontaktaufnahmen mit Sozialen Einrichtungen sind Zwangskontexte, aber viele methodisch relevante Aspekte, wie beispielsweise motivationale Faktoren (Veränderungsstufen, Push-/Pullfaktoren), sind in Zwangskontexten und bei fremdinitiierten Kontakten vergleichbar. Und: Nicht in allen Zwangskontexten wird „Zwang" im engeren Sinne ausgeübt.

Zum besseren Verständnis entwickeln wir Schritt für Schritt eine Vorstellung von dem Phänomen „Zwangskontext", zunächst über die Wege der Kontaktaufnahme: Welche Dynamiken führen zu selbst initiierten Kontakten mit der Sozialen Arbeit, und welche Aspekte spielen bei fremdinitiierten Kontakten sowohl aus dem sozialen Netzwerk als auch aufgrund rechtlicher Vorgaben eine Rolle?

2.1 Selbstinitiative als verdeckte Grundannahme Sozialer Arbeit?

In der Sozialen Arbeit ist die Vorstellung weitverbreitet, dass sich Klienten und ihre Lebenssituation nur ändern, wenn die Betroffenen eine sinnvoll erscheinende Unterstützung aus eigener Initiative suchen. Kaminsky (2015, 15) vermutet, dass Sozialarbeitende den Klienten idealistisch unterstellten, dass diese Unterstützungen „frei und bereitwillig, um nicht zu sagen, gern und dankbar" annehmen würden, solange sie Leistungen nicht ablehnten. Menschen bei derartigen Bemühungen zu helfen, ist für viele angehende Berufsvertreter der Sozialen Arbeit ein wichtiges Motiv ihrer Berufswahl. Stevens et al. haben mit ihrer Studie in Großbritannien frühere Ergebnisse zur Berufsmotivation von Sozialarbeitsstudenten bestätigen können: Mehrheitlich spielen altruistische Motive die wichtigste Rolle dabei, Soziale Arbeit zu studieren (Stevens et al. 2012). Ihr Wunsch geht dahin, mit Menschen zu arbeiten, die von sich aus Hilfe bei angestrebten Veränderungen in ihrem Leben und ihren Lebensumständen suchen. Bei ihnen kann auch mit einem gewissen Maß an Dankbarkeit gerechnet werden, wenn Verbesserungen eintreten. Dieser Vorstellung wird in der Ausbildung auch reichlich Nahrung gegeben: Es dominiert die Ausrichtung auf die Arbeit mit sogenannten „freiwilligen" Klienten (Rooney 1992, 13 f.).

Pope und Kang (2011) haben 107 Studierende der Sozialen Arbeit in den USA (davon 88 % Frauen) im Anschluss an ihr Praktikum (oder ihre Berufserfahrungen) befragt, ob sie später in der Praxis gerne mit Klienten in Zwangskontexten arbeiten möchten, was nur 36 % der Studierenden bejaht haben. Die Zustimmung stieg, wenn die Studierenden ihre diesbezügliche methodische Ausbildung im Studium positiv bewerteten und sie konkrete Praxiserfahrungen mit Klienten in Zwangskontexten machen konnten. Ähnliche Ergebnisse zeigten sich auch bei einer Erhebung an der FH Düsseldorf bei Erstsemester-Studierenden des Fachbereichs Sozialarbeit: 13 % würden gerne mit unfreiwilligen Klienten arbeiten, 57 % wünschen sich die Arbeit mit freiwilligen Klienten. Wenn bei Studierenden überhaupt zu Beginn des Studiums schon Vorstellungen von der zukünftigen Arbeit vorhanden sind, gehen die Wünsche in Richtung einer Arbeit mit Menschen, die von sich aus Hilfe suchen (Kähler 2005).

Die Ausrichtung der Sozialen Arbeit an der Selbstinitiative und der Freiwilligkeit des Zustandekommens einer Arbeitsbeziehung gehört zur „Mission" der Sozialen Arbeit:

> „Die Profession verfolgt mithin das Ziel, ihre [Klientinnen und Klienten] zur Lebensführung zu befähigen, ihre Inklusion zu erhalten bzw. zu fördern sowie

deren materielle Versorgung und gewaltfreie Lebensbedingungen zu sichern. Das professionell sozialberufliche Engagement dient damit nicht allein unmittelbar dem Einzelnen, sondern es trägt auch zu den gesellschaftlichen Vorstellungen von der Selbständigkeit, Teilhabe bzw. Partizipation und Lebensqualität jeder Person deutlich bei" (Kaminsky 2015, 4).

Dabei spielt auch die Respektierung der Autonomie der Klienten eine wichtige Rolle. Zwangskontexte stellen die Mission der Sozialen Arbeit „im Kern" infrage (Kaminsky 2015, 4). Bevor die Entstehung von fremdinitiierten Kontakten und Zwangskontexten in der Sozialen Arbeit genauer betrachtet wird, soll zunächst der Blick auf die Prozesse der Hilfesuche geleitet werden, um die Bedeutung und die Dynamik der Initiative zur Kontaktaufnahme mit Sozialen Diensten besser zu verstehen.

Prozesse der Hilfesuche: Damit Menschen aus eigener Initiative einen Sozialen Dienst aufsuchen, müssen viele Voraussetzungen erfüllt sein. Die Forschung zur Inanspruchnahme der Gesundheitsversorgung hat herausgearbeitet, dass nur ungefähr ein Drittel von behandlungsbedürftigen psychisch auffälligen Klienten professionelle Hilfe in Anspruch nimmt (Wittchen et al. 2011; für das Feld der Beratung verweist Warschburger 2009 auf einen identischen Anteil). Auch in den Arbeitsfeldern der Sozialen Arbeit können förderliche und hinderliche Einflussfaktoren vermutet werden, die dazu führen, mit einem Sozialen Dienst in Kontakt zu treten oder das Problem anderweitig zu bewältigen. Zur Sensibilisierung ist darauf hinzuweisen, dass die Klienten bereits mehrere Stufen der emotionalen, kognitiven und sozialen Auseinandersetzung durchlaufen haben, bevor sie sich selbst initiiert bei einem Sozialen Dienst melden. Saunders (1993, zitiert in Warschburger 2009, 38) unterscheidet vier Stufen bei der Inanspruchnahme von Beratung:

- Problemwahrnehmung und „Selbstheilungsversuche"
- Akzeptanz, dass Beratung eine nützliche Problemlösung ist
- Entscheidung, die Beratung aufzusuchen
- Kontaktaufnahme mit einer Beratungsstelle

Bei allen Stufen in diesem Prozess der Inanspruchnahme von Beratung sind verschiedene Voraussetzungen und Barrieren denkbar, die dafür sorgen, dass eine weitere Stufe erreicht und damit der Kontakt mit einer professionellen Fachkraft aufgenommen wird oder dies verunmöglicht oder erschwert wird. Warschburger hält fest, dass die Problemwahrnehmung des Klienten, der Leidensdruck, der wahrgenommene Nutzen der Beratung (versus die „Kosten") sowie der Druck von außen wichtige Einflussfaktoren darstellen (Warschburger 2009). Nach Vogel et al. (2011) sind weitere empirisch gestützte Faktoren zu nennen, die für die Nichtinanspruchnahme von Beratung und Psychotherapie von Bedeutung sein können: soziale Stigmatisierung, Angst vor der Behandlung und vor Emotionen sowie negative Einschätzungen von Nachteilen und Risiken der Beratung. Weiter werden fehlende Offenlegungsbereitschaft, soziale Normen und ein ungenügender Selbstwert als wichtige Hindernisse im Prozess, selbst initiiert Hilfe zu holen, beschrieben. Eine schweizerische Studie zur Kontaktaufnahme in der Sozialhilfe hat gezeigt, dass die meisten Bedürftigen „relativ lange abwarten, bis sie sich an den Sozialdienst wenden" (Neuenschwander et al. 2012, 104), und 90 % alternative Bewältigungsstrategien aktivieren, bevor sie sich melden. Die häufigsten Gründe, auf wirtschaftliche Unterstützung und auf Beratung zu verzichten, waren Angst vor Autonomieeinschränkungen, Scham, mangelnder Selbstwert und Angst vor Stigmatisierung (Neuenschwander et al. 2012). Damit wird deutlich, dass personale Fähigkeiten und Kompetenzen (Ressourcen) und soziostrukturelle Faktoren wie der Bildungsstand oder die soziale Vernetzung die Suche nach professioneller Hilfe erheblich beeinflussen (Wirth 1982).

Es zeigt sich, dass vor allem die Personen, die besonders problemanfällig sind, offenbar tendenziell zugleich am wenigsten über die Fähigkeit verfügen, die notwendigen Schritte zu ihrer Bearbeitung einzuleiten, also eine entsprechende Handlungsbereitschaft zu entwickeln (Wirth 1982). Dies erklärt auch, weshalb sich bei selbst initiierten Kontaktaufnahmen Folgen sozialer Ungleichheit niederschlagen: Der Anteil der Klienten, der von sich aus Kontakt zu Sozialen Diensten sucht, dürfte in besonders belasteten Problemgruppen eher gering ausfallen (und sie werden mit zunehmender Problemakzentuierung im späteren Verlauf eher zur Hilfe gezwungen, insofern soziale Minderheiten und Unterprivilegierte in Zwangskontexten überproportional vertreten sind; Dewberry Rooney 2009). Dies hat offenbar damit zu tun, dass hier mehrere Einflussgrößen gleichermaßen auf Problementstehung einerseits und Schwächung der Ressourcen zur Problembewältigung andererseits einwirken. Eine der Folgen dürfte sein, dass die Initiative zum Aufsuchen unterstützender Einrichtungen eher unterentwickelt bleibt. So ist damit zu rechnen, dass gerade in diesen Bevölkerungsgruppen der Anteil solcher Menschen besonders groß ist, die aufgrund ihrer Lebenserfahrungen Merkmale erlernter Hilflosigkeit (z. B. Schober 1993; Meyer 2000) aufweisen. Ohne die Vorstellung, dass Änderungen einer Situation möglich und sinnvoll sind, ohne die Erfahrung der Beeinflussbarkeit von Lebenslagen (Kontrollüberzeugung) ist schwer vorstellbar, dass Menschen die Initiative entwickeln, Kontakt zu einem Sozialen Dienst herzustellen (oder andere Formen von Unterstützung zu suchen und Veränderungen anzugehen, Miller/Rollnick 2015). Mit anderen Worten: Wenn keine Hoffnung besteht, dass es „da draußen" jemanden gibt, der helfen kann und zum Helfen bereit ist, fällt es schwer, sich aufzuraffen, eine derartige Hilfe aufzuspüren und Kontakt aufzunehmen. Für Familien, die wegen ihrer Hoffnungslosigkeit nicht in der Lage sind, sich Hilfe zu suchen, kann eine fremdinitiierte Kontaktaufnahme überhaupt die Möglichkeit zur Hilfe schaffen (Conen 2013).

Doch selbst wenn die Einsicht in die Sinnhaftigkeit der Inanspruchnahme eines Sozialen Dienstes besteht und eine gewisse Hoffnung auf Hilfe (als Gegenstück zur erlernten Hilflosigkeit) mit einem derartigen Kontakt verbunden werden kann, gibt es weitere Voraussetzungen für die selbst initiierte Inanspruchnahme eines Sozialen Dienstes. Dazu gehören zunächst die Kompetenz und die Ressourcen, einen geeigneten Sozialen Dienst zu identifizieren und ihn aufzusuchen. Für diesen Schritt spielen offenbar die Kontakte im sozialen Netzwerk eine besonders große Rolle (Wirth 1982; Vogel et al. 2011). Bezogen auf die Bereitschaft, vorhandene Probleme dem Mitarbeiter eines Sozialen Dienstes zu offenbaren, muss also das Vertrauen vorhanden sein oder entwickelt werden, einer bis dahin fremden Person Einblick in das eigene Leben zu gewähren und ihr das Recht einzuräumen, sich dazu zu äußern und zu „beraten". Dies alles kann offensichtlich eher geschehen, wenn die betreffende Person grundsätzlich motiviert ist, Änderungen in ihrem Leben und ihren Lebensumständen herbeizuführen und die Hürden einer „Veröffentlichung von Hilfeersuchen im System öffentlicher Wohlfahrt" wie etwa Stolz oder Behördenangst zu überwinden (Herriger 2002, 85).

Demzufolge gibt es eine Reihe von Hürden, die überwunden werden müssen, um Hilfen für die Bewältigung vorhandener Problemlagen zu aktivieren. Es ist darüber hinaus deutlich zu erkennen, dass Personen, die aus eigener Initiative (wenn gegebenenfalls auch informiert und motiviert durch Angehörige des sozialen Netzwerks) Kontakt zu einem Sozialen Dienst aufnehmen, bereits eine Auslese darstellen: Sie haben offensichtlich eine Reihe von Barrieren überwunden, an denen eine unbekannt große Zahl anderer Personen, die möglicherweise einen besonders umfassenden Bedarf an professioneller Unterstützung hat, scheitert (Wirth 1982).

Anteile von selbst initiierten Kontakten: Über den Anteil der auf Eigeninitiative beruhenden Klientenkontakte liegen unseres Wissens nur Schätzungen vor. Gumpinger (2001, 14 f.) zitiert beispielsweise aus einer Diplomarbeit, wonach „über 80 % der Fälle nicht von den Betroffenen an das Jugendamt herangetragen wurden". In dieser Formulierung bleibt völlig offen, wie die Untersuchung angelegt war, insbesondere aber bleibt ungeklärt, wer oder was anstelle der Betroffenen dazu beigetragen hat, dass Kontakt mit dem Jugendamt aufgenommen wurde. Floyd Taylor hat in den USA eine Zufallsstichprobe von klinischen

Sozialarbeitern (n=320) befragt und herausgearbeitet, dass nur um die 10% der Befragten nie mit unfreiwilligen Klienten gearbeitet haben (Floyd Taylor 2005).

Im deutschsprachigen Raum liegt zur Frage des Verhältnisses von selbst initiierten zu fremdinitiierten Kontakten und zu deren jeweiligen Ausgestaltung eine explorative Studie von Kähler vor (Kähler 2005), in der 99 hauptberuflich tätige Fachkräfte in den unterschiedlichsten Arbeitsfeldern schriftlich befragt wurden.

Dabei hat sich gezeigt, dass in allen untersuchten Arbeitsfeldern nur ungefähr ein Drittel der Kontakte selbst initiiert ist. Der Anteil selbst initiierter Kontaktaufnahmen variiert deutlich zwischen verschiedenen Arbeitsfeldern. Am seltensten kommen selbst initiierte Kontakte im Justizbereich vor (unter 10%). In allen anderen Arbeitsfeldern, dem Bereich Familie, Kinder und Jugend sowie dem Gesundheitsbereich, sind selbst initiierte Kontakte deutlich häufiger anzutreffen. Der Anteil von selbst initiierten Kontaktaufnahmen variiert auch innerhalb der Arbeitsfelder in Abhängigkeit vom Typus der Einrichtungen (geringe versus hohe Einschränkung der Handlungsspielräume). In stationären Einrichtungen, insbesondere solchen mit „lebensweltersetzender" Funktion (z.B. Altenpflegeheimen, Thole 2010), sind Klienten häufiger ohne Eigeninitiative untergebracht.

Begrifflichkeiten für selbst initiierte Kontakte: Für die vorgestellte Kategorie von Klientinnen, die selbst initiiert Kontakt zu einem Sozialen Dienst aufnehmen, werden in der Methodenliteratur Begriffe verwendet, die ähnliche Abgrenzungen verwenden, aber dennoch nicht deckungsgleich sind. In der Terminologie von Germain/Gitterman (1999) entsprechen diese Klienten den „gesuchten" Kontakten, allerdings mit einer bedeutsamen Änderung: Hierunter können auch Personen fallen, die durch informellen oder formellen Druck aus dem sozialen Netzwerk Kontakt zu einer sozialen Einrichtung aufnehmen.

In der Tradition der systemisch-lösungsorientierten Beratung und Therapie können diese Personen in Anlehnung an de Shazer als „Kunden" bezeichnet werden — zumindest in dem Sinn, dass bei selbst initiierter Kontaktaufnahme die Wahrscheinlichkeit besonders groß ist, dass Klient und Berater sich auf ein gemeinsames Veränderungsziel einigen können (Hampe-Grosser 2003). Inwieweit Eigeninitiative und Kundenstatus völlig deckungsgleich sind, müsste einer empirischen Überprüfung vorbehalten sein. Eine nicht vollständige Gleichsetzung dürfte dadurch gerechtfertigt sein, dass auch bei fremdinitiierten Kontakten Konstellationen mit Kundencharakter grundsätzlich vorkommen können — etwa wenn der Proband im Rahmen einer verordneten Bewährungshilfe ungeachtet der von außen kommenden Auflage motiviert und kooperationsbereit ist. Mit anderen Worten: Die Mehrzahl der selbst initiierten Kontaktaufnahmen dürfte auf einen Kundenstatus hinauslaufen, unter den fremdinitiierten Kontaktaufnahmen kann eine Minderheit von Klienten ebenfalls den Kundenstatus besitzen. Schließlich können nach der Einteilung von de Shazer bei den selbst initiierten Kontakten durchaus auch Personen mit dem Status „Besucher" und „Klagender" vorkommen (Hampe-Grosser 2003, 143), was sich dann allerdings erst im Prozess des Erstkontaktes näher herauskristallisiert: „Klagende" sind Klienten, die sich — ob sie aus Eigeninitiative gekommen sind oder ob der Kontakt von außen veranlasst wurde, spielt keine Rolle — mit der Fachkraft auf Probleme bzw. Ziele, nicht jedoch auf Vereinbarungen zur Lösung anstehender Probleme einigen können. Entsprechend handelt es sich in dieser Diktion um „Besucher", wenn keine Einigkeit hinsichtlich vorhandener Probleme oder gemeinsamer Ziele erreicht werden kann. Hierbei sind jedoch häufig andere Personen im Spiel, die der Ansicht sind, dass Probleme vorliegen.

Pleyer (1996, 191) schlägt für Personen, die von sich aus Kontakt zu Sozialen Diensten aufnehmen und änderungsmotiviert sind, die Bezeichnung „Verantwortungsnehmer" vor: Sie haben die Einsicht gewonnen, dass sie selbst verantwortlich für ihr Leben sind, und wollen deshalb ihre Probleme lösen, ohne diese Lösung anderen zu überlassen. Diese Konzeption ist weitgehend identisch mit dem Kundenbegriff de Shazers.

Alle diese begrifflichen Eingrenzungsversuche zeigen, dass neben der Initiative zur Kontaktaufnahme sowohl strukturelle Rahmenbedingungen und Netzwerkeinflüsse als auch individuelle Faktoren wie Motivation, Hilfeakzeptanz oder Kooperationsbereitschaft eine wichtige Rolle spielen, um das Phänomen „Zwangskontexte" genauer zu fassen. Der Begriff der „Freiwilligkeit" erscheint wenig geeignet, um Klientinnengruppen hinsichtlich ihres Zuweisungskontextes und der konstitutiven Handlungsspielräume zu beschreiben.

2.2 Initiative zur Kontaktaufnahme durch Netzwerkangehörige

Im Idealfall wenden sich Eltern mit Erziehungsschwierigkeiten aus eigenem Antrieb an die zuständigen Einrichtungen, um die vorgesehenen Hilfen der Jugendhilfe abzurufen, da sie an Änderungen dringend interessiert sind (selbst initiierte Kontaktaufnahme). Bei der Suche nach geeigneten Stellen helfen häufig Netzwerkangehörige im Sinne der Informationsvermittlung und Ermutigung. In vielen Fällen ist dies jedoch nicht gegeben — vielmehr werden Eltern aktiv, da sie von Angehörigen ihres sozialen Umfelds gedrängt werden, „etwas zu unternehmen".

Unter dem Gewand der freiwilligen Kontaktaufnahme verbirgt sich häufig, dass die Person ausschließlich oder überwiegend deshalb in die Sprechstunde einer Einrichtung kommt, weil mehr oder weniger massiv von Angehörigen des sozialen Netzwerks auf sie eingewirkt wurde, ohne dass dafür jedoch zwingend eine rechtliche Veranlassung vorliegt. Bei den Personen, die Druck ausüben, kann es sich beispielsweise um Angehörige aus dem persönlichen Netzwerk des Klienten handeln. Partner können etwa mit Trennung drohen, wenn sich die betreffenden Personen nicht in Behandlung oder Beratung begeben, oder Eltern können ein Kind in eine Einrichtung der Erziehungshilfe geben, obwohl das Kind dies nicht einsieht.

Besonders bedeutsam sind überdies auch Einflüsse aus dem formellen Umkreis von Menschen, wie etwa der Hausärztin, des Lehrers, des Jugendamtes oder der betrieblichen Vorgesetzten (Drewes/Krott 1996). Netzwerkeinflüsse können einflussreicher sein als der Druck, der sich aus rechtlichen Vorgaben ergibt, auf die noch einzugehen sein wird (Kap. 2.3). Zwar erscheinen gerichtlich verordnete Kontaktaufnahmen zu Einrichtungen der Sozialen Arbeit formal gewichtiger — in der Realität erweisen sich jedoch die teilweise unterschwellig wirkenden Einflüsse, insbesondere von Vertretern beteiligter Institutionen (Schule, Kindergarten, Ärzte), als ausgesprochen wirksam, selbst dann, wenn Einrichtungen grundsätzlich die Wahlfreiheit ihrer Klienten betonen (und die Mitarbeiter selbst auch daran glauben). Germain/Gitterman (1999, 117) führen dafür folgende Beispiele an:

> „Ein Sozialhilfeempfänger könnte sich z. B. gezwungen sehen, in einer Gruppe mitzuarbeiten, aus Angst, andernfalls die Unterhaltszahlungen zu gefährden.
> Bewohner, die in Sozialwohnungen zur Miete leben, können Dienstangebote akzeptieren, um nicht ausgewiesen zu werden.
> Psychiatrische Patienten und Pflegeheimbewohner fürchten vielleicht negative Konsequenzen, wenn sie ein Hilfeangebot ablehnen."

Obgleich Beratungsstelle und Sozialarbeiter die Wahlfreiheit zusichern, erleben die potenziellen Klienten das Angebot subjektiv als Autonomieeinschränkung. Beruflichen Helfern wird deshalb vielfach empfohlen, bei oberflächlich selbst initiierten Kontaktaufnahmen durch Klienten zu prüfen, ob die Initiative tatsächlich von der betreffenden Person ausgegangen ist oder ob hierbei Personen aus dem Umfeld eine Rolle gespielt haben (Fine/Glasser 1996; Rooney 2009).

Ein interessantes Beispiel für ein als freiwillige Beratung gemeintes, jedoch als verpflichtend interpretiertes Angebot stellt Buchholz-Graf (2001) vor. In einem Familiengericht wurde für ein Modellprojekt zur Beratung von Scheidungsfamilien eine Außenstelle einer psychologischen Beratung angesiedelt.

22 Was sind Zwangskontexte?

BEISPIEL

Die Richter machten während der Anhörung auf diese Möglichkeit der Beratung aufmerksam: „Gelingt es den RichterInnen, zumindest ein oberflächliches Interesse zu wecken, können die Parteien unmittelbar aus dem Sitzungssaal heraus zu den Familienberaterinnen gehen." Ausdrücklich heißt es: „Die Beratung ist für die Eltern kostenfrei und erfolgt auf freiwilliger Basis." Trotzdem wird dieses Angebot von vielen Elternteilen subjektiv als Zwang erlebt. Immerhin 12 % der Eltern stuften im Nachhinein das Aufsuchen der Beratungsstelle als „unfreiwillig" ein. Zählt man noch die gering Motivierten hinzu, erweitert sich dieser Anteil auf über ein Drittel aller Klienten. Eine Mutter äußerte: „[…] also gehen wir besser hin, wer weiß, vielleicht gibt es sonst eine Entscheidung, die nicht so in meinem Interesse ist" (Buchholz-Graf 2001, 307 ff.).

Es ist ganz deutlich zu erkennen: Wenn die Angebotsseite „freiwillig" notiert, wird von der Nachfrageseite nicht zwingend „freiwillig" gelesen. Allein die Tatsache, dass ein Richter diese Empfehlung zur Beratung ausgesprochen hat, dürfte einen erheblichen Druck für die Kontaktaufnahme mit der Beratungsstelle ausgeübt haben (Conen 2013).

Ergänzend sei vermerkt, dass hier aus der anfänglich als erzwungen erlebten Kontaktaufnahme inhaltlich Positives herauskam: „Immerhin ein Viertel der Eltern, die rückblickend unfreiwillig die Beratung aufgesucht hatten, bewerten sie im Nachhinein als erfolgreich und mehr als jeder zweite (52 %) als zumindest teilweise erfolgreich" (Buchholz-Graf 2001, 308).

Einflüsse aus dem sozialen Netzwerk dürfen aber nicht nur unter dem Gesichtspunkt des ausgeübten Drucks auf eine bestimmte Person im Sinne eines individuellen Pushfaktors gesehen werden. Ebenso bedeutsam kann sein, dass Angehörige des Netzwerks informierend, werbend und motivierend versuchen, den Schritt zum Aufsuchen eines Sozialen Dienstes im Sinne eines Pullfaktors zu fördern, und damit an ansatzweise vorhandene Interessen des Betroffenen anknüpfen, seine Probleme zu bearbeiten. Im Berufsalltag ist folglich damit zu rechnen, dass Klientinnen in einem Mischungsverhältnis aus Push- und Pullfaktoren einen Sozialen Dienst aufsuchen. Entscheidend wird sein, herauszufinden, inwieweit die Veränderungsmotivation, d. h. die subjektive Problemsicht, Pläne und Ziele des Klienten, zusätzlich von den aus dem Netzwerk wirkenden Push- und Pullfaktoren eine ausreichende Tragfähigkeit für die Entwicklung einer gemeinsamen Arbeitsgrundlage abgibt oder ob solche Voraussetzungen erst geschaffen werden müssen (zu Push-/Pullfaktoren: Kap. 5.1).

Nicht nur für die Kontaktaufnahme, sondern auch im Verlauf spielt informeller Druck eine Rolle: In Längsschnittstudien, welche die Distanzierungsprozesse von Straftätern untersucht haben, zeigte sich, dass informelle Kontrolle aus den sozialen Netzwerken (Angehörige, Arbeitgeber etc.) die Legalbewährung unterstützte (Hofinger 2013).

2.3 Initiative zur Kontaktaufnahme aufgrund rechtlicher Vorgaben

Gerichtliche Entscheidungen können ebenfalls dazu führen, dass Klienten mit Sozialen Diensten in Kontakt treten müssen. Die gerichtlichen Entscheidungen können auch durch Netzwerkangehörige herbeigeführt worden sein. Zur Einführung der fremdinitiierten Kontaktaufnahmen, die sich aus rechtlichen Vorgaben ergeben, einige Beispiele von Trotter (2001, 100 f.):

„Ein Straffälliger besucht einen Bewährungshelfer;
eine Mutter wird von einer MitarbeiterIn der Jugendwohlfahrt auf Grund einer anonymen Anzeige wegen Kindesmisshandlung aufgesucht;
ein Drogenabhängiger nimmt auf Grund einer gerichtlichen Weisung an einer Drogenbehandlung teil;
ein Mann, der seine Frau misshandelt hat, besucht auf Anweisung des Gerichtes eine Beratungsstelle gegen Gewalt in Familien;
einem Psychiatriepatienten, der für sich selbst und andere eine Gefahr bedeutet, wird eine Behandlung angeboten;
ein Jugendlicher, der auf der Straße lebt, willigt ein, mit seinem Jugendarbeiter in eine Notschlafstelle zu gehen, weil er weiß, dass die Alternative heißt, zur Polizei gebracht zu werden;
oder ein Kind wird in einem Kinderheim untergebracht, ungeachtet der Proteste der Eltern."

Dies sind Beispiele für „Pflichtklientinnen" da die betroffenen Personen es sich nicht ausgesucht haben, diese Angebote der Sozialeinrichtungen in Anspruch zu nehmen. Sie werden in der englischsprachigen Literatur auch als „mandated clients" (Rooney 2009, 5) oder „mandated treatments" (Schaub et al. 2010) bezeichnet. Es verwundert daher nicht, dass in bestimmten Arbeitsfeldern und Typen Sozialer Dienste derartige Kontakte gehäuft vorkommen. Conen (1999) und Hesser (2001) führen folgende exemplarische Problembereiche auf: Misshandlung, „Verwahrlosung", Vernachlässigung, sexueller Missbrauch, Gewalt, Drogen- und Suchtabhängigkeit, (Miet-)Schulden, Delinquenz, Straftaten, Suizidalität und ansteckende tödliche Krankheiten.

Den angeführten Problemkreisen entsprechen Arbeitsfelder, in denen mit überproportional hohen Anteilen von „Pflichtklientschaft" zu rechnen sein dürfte (Conen 2013):

- Jugendamt
- Betreuung
- psychiatrische Kliniken, forensische Psychiatrie
- Heimerziehung
- Einrichtungen der Hilfen zur Erziehung
- Strafvollzug
- Bewährungshilfe
- Jugendgerichtshilfe

Es wurde bereits darauf hingewiesen, wie schwer es für Personen in schwierigen Lebensumständen ist, an die im Prinzip verfügbaren Unterstützungsmöglichkeiten durch Soziale Dienste heranzukommen (Kap. 2.1). Offensichtlich schaffen dies tendenziell eher solche Personengruppen, die ohnehin bessere Voraussetzungen für den Umgang mit Problemen aufweisen (und von vornherein schon einer geringen Problembelastung ausgesetzt sind). Dies legt die Vermutung nahe, dass umgekehrt bei den außen initiierten Kontaktaufnahmen vermehrt mit überproportionalen Anteilen von ohnehin belasteten Bevölkerungsanteilen zu rechnen ist. Wie bereits erwähnt, handelt es sich bei Klienten von Institutionen mit starkem Kontrollauftrag vorwiegend um sozial und materiell unterprivilegierte Menschen (Dewberry Rooney 2009). Unter diesem Gesichtspunkt wäre die Frage zu stellen, ob die Einrichtungen, welche an eine hohe „Freiwilligkeit" ihrer Klienten appellieren oder gar „Freiwilligkeit" als Zugangserfordernis deklarieren, die Klienten mit der Übergabe dieser „Kontaktverantwortung" nicht überfordern. Und es scheint – so Behnisch (2014, 339) bezogen auf die Elternarbeit bei delinquierenden Jugendlichen – geradezu „naiv zu denken, alle Eltern seien (hoch) motiviert, in der Lage und willens, sich bruchlos auf pädagogische Interventionen einzulassen".

Es kann dann nicht verwundern, dass die Betroffenen die unter derartigen Umständen zustande gekommenen Kontakte mit Fachkräften sozialer Dienststellen nicht unbedingt akzeptieren, sich vielmehr häufig alles andere wünschen als eine solche Zusammenarbeit. Auf die typischen Merkmale dieser Begegnungen und die Reaktionen der Beteiligten wird in Kap. 6 näher eingegangen, da dieses Wissen für die Entwicklung von aussichtsreichen Verhaltensweisen für solchermaßen belastete Situationen wichtige Voraussetzungen schafft.

Gleichzeitig ist mit Blick auf die fremdinitiierten Kontakte festzuhalten, dass sie – genau betrachtet – unterschiedliche Beschränkungen der Handlungsspielräume implizieren und eine Mischung aus Verpflichtungen, Sanktionsdrohungen und Erwartungen mit sich bringen (Schone 2001).

Die fremdinitiierte Kontaktaufnahme aufgrund von rechtlichen Vorgaben eröffnet Chancen, etwas in Bewegung zu setzen, was sonst nicht in Bewegung käme (Hampe-Grosser 2003; Hoops/Permien 2008): „Wenn auch ‚Freiwilligkeit' eine wünschenswerte Voraussetzung ist, gilt doch in vielen Fällen, dass sie häufig nicht in ausreichendem Maße vorhanden ist" (Drewes/Krott 1996, 198). Vogt (2012) vermutet aufgrund der vorhandenen Daten im Suchtbereich, dass ein großer Teil der Suchthilfeklienten nicht freiwillig in das Versorgungssystem gelangt, und gerade der Zwangskontext die Möglichkeiten schafft, diese Menschen überhaupt mit professioneller Hilfe zu erreichen.

2.4 Zwang und Zwangskontexte der Sozialen Arbeit

Die Frage nach der Initiative für die Kontaktaufnahme mit Sozialen Diensten kann, gestützt auf die in den vorangehenden Abschnitten eingeführten Überlegungen, sowohl in den Dimensionen der Struktur (Einfluss, Zwang, Handlungsspielräume, Macht) als auch in der Dimension der betroffenen Person (ihr „freier" Wille, Motivation, Sinn) verortet werden. Die in der Praxis (und in der Methodenliteratur) eingesetzten Begriffe „Zwang", „Zwangskontext", „unfreiwillige Klienten", „Pflichtklientschaft" etc. werden meistens synonym verwendet und verhindern damit eine weiterführende Sicht auf die Thematik.

Zwang im engeren und weiteren Sinne: Lindenberg/Lutz (2014) haben diese definitorische Ungenauigkeit kritisiert und zu Recht eingewandt, dass zwischen Zwang im engeren und weiteren Sinne zu unterscheiden sei. Zwang im engeren Sinne wirke „direkt auf den Handelnden und wird gegen den Willen der Betroffenen und gegen deren Widerstand durchgesetzt – mit rechtlichen, physischen oder psychischen gewaltförmigen Mitteln". Zwang im weiteren Sinne entspreche den „materielle[n], soziale[n] oder zwischenmenschliche[n] Einschränkungen der Entscheidungsfreiheit und Handlungsmöglichkeiten" (Lindenberg/Lutz 2014, 115, mit Verweis auf Wolf 2008). Beim Zwang im weiteren Sinne gebe es stets Handlungsalternativen, d. h., die Handlungsoptionen seien weiter als beim engeren Zwang (Lindenberg/Lutz 2014). Auch Kaminsky (2015) verwendet die Dichotomie von engen und weiten Zwangskontexten: Erstere sind in ihrem Verständnis eine Zwangsunterbringung oder eine Zwangsbehandlung, Zweitere ein Einlassen auf Hilfe, weil die Nichtannahme mit Sanktionen einhergehen kann. Sie postuliert ebenfalls ein enger gefasstes Verständnis. Zwangskontexte in der Sozialen Arbeit seien als „Kontexte zu verstehen, in denen konkrete Einzelne (von Dritten) dazu genötigt werden, bestimmte Lebensumstände zu erdulden und/oder bestimmte Handlungen zu vollziehen bzw. zu unterlassen; d. h. Kontexte, in denen die aus den Persönlichkeitsrechten erwachsenden Entscheidungs- und Handlungsfreiheiten eines konkreten Einzelnen eingeschränkt werden" (Kaminsky 2015, 6). Diese Definition orientiert sich einerseits am engen Zwangsbegriff (mit dem im Strafrecht verwendeten Begriff der „Nötigung" wird von ihr die Gewaltförmigkeit der Einschränkung akzentuiert) und bringt andererseits zusätzlich die Dimension der Einschränkung der Persönlichkeitsrechte ins Spiel. Damit wird die notwendige Legalität solcher Einschränkungen durch Fachkräfte der Sozialen Arbeit impliziert, und gleichzeitig werden Zwangskontexte (ebenfalls implizit) in Rahmenbedingungen des staatlichen Handelns verortet.

Rosch (2011, 87) weist aus sozialrechtlicher Perspektive darauf hin, dass „Zwang" nicht nur auf die subjektive Komponente, wie den Willen, abzustellen ist und nicht „jeder Eingriff in den Willensbildungsprozess und in die Entscheidungsfreiheit als Zwang verstanden" werden kann. Ein Zwangskontext in der Sozialen Arbeit liege vor, „wenn Handeln durch das Berufsverständnis und die Berufsethik gegen den Willen des Klienten bzw. der Klientin im Einzelfall legitimiert wird, zur Verminderung bzw. Behebung ihrer bzw. seiner Problemlage unter Abwägung des Verhältnisses von Selbstbestimmung und Zwang" (Rosch 2011, 91 f.). Die „Eintrittsschwelle" für „Zwang" müsse im Einzelfall respektive typologisch definiert werden. In rechtlicher Hinsicht tangiere der Zwang die Grundrechte der Klientschaft, insofern die Anwendung von Zwang den rechtsstaatlichen Kriterien (Legalität, Verhältnismäßigkeit etc.) entsprechen müsse (Rosch 2011). Auch Rosch verortet Zwangskontexte innerhalb des staatlichen Handelns respektive innerhalb der Rechtsverhältnisse, die staatliches Handeln konstituieren (Rosch 2011). Schwabe (2008, 66) weist darauf hin, dass die Formen der Begrenzung und Zwangsausübung auf einem Kontinuum einzuordnen seien und eine Unterscheidung zwischen Nichtzwang und Zwang der Praxis zu wenig entspreche: Die Formen der Selbstbegrenzung, z. B. als freundliche Bitte, reichen über das „Druck"-Machen bis hin zu Formen der Fremdbegrenzung, die Schwabe als „Zwang" bezeichnet. Schwabe unterscheidet zwischen institutionellen Zwangskontexten und Situationen, in denen die Klientinnen durch den Druck im sozialen Netzwerk subjektiv einen „Quasi-Zwang" erleben (Schwabe 2008, 34). Die konkrete methodische Anwendung von Zwang als Intervention in der Sozialen Arbeit bezeichnet Schwabe als „Zwangselemente" (Schwabe 2008, 27).

Sowohl die Unterscheidung in engeren und weiteren Zwang und Zwangskontexte als auch weitere eingeführte Dimensionen erscheinen gut geeignet, Zwangskontexte derart begrifflich zu fassen, damit deren normativ-ethische und sozialarbeitstheoretische Angemessenheit diskutiert werden kann. In methodischer Hinsicht befriedigt diese Rahmung weniger, weil sich daraus die Dynamik der Interaktion in Zwangskontexten nicht unmittelbar erschließt und es eine Absicht dieses Buches ist, mit und in Zwangskontexten methodisch einen Umgang zu finden, ohne die für die Professionalität wichtigen normativ-ethischen Aspekte auszublenden (Kap. 3.2). Deshalb soll nachfolgend versucht werden, Zwangskontexte in gebotener Kürze mit einem sozialtheoretischen Zugang zu beleuchten, machttheoretische Überlegungen einzufügen und daraus einige methodische Anknüpfungsmöglichkeiten abzuleiten.

Zwangskontexte: ermöglichend und einschränkend: Die von Lindenberg/Lutz (2014) nur beiläufig erwähnte strukturationstheoretische Betrachtung von Giddens (1997) soll als Zugang verwendet werden, um Zwang und Zwangskontexte hinsichtlich ihrer strukturellen und individuellen Begebenheiten zu analysieren. Dieser Zugang wird deshalb gewählt, weil Giddens versucht, die Dichotomie zwischen einer Top-down-Vorstellung (die Strukturen determinieren das Handeln) und einer Bottom-up-Idee (die Subjektivität der Akteure determiniert ihr Handeln) zu überwinden und sie zu integrieren.

Bei Giddens ist Handeln eine Aktivität von bewussten, reflexiven und kreativen Akteuren (Giddens 1997, 55–57), die auf Regeln und Ressourcen (= „Strukturen") zurückgreifen und diese durch ihr Handeln reproduzieren: Das Handeln operationalisiert „Strukturen" als Medium und konstituiert gleichzeitig „Strukturen" als Handlungsergebnisse. Mit dem Kunstwort „Strukturation" drückt Giddens die Dualität von Handlung und Struktur aus. Strukturen sind Regeln (mit normativen Elementen und Signifikationscodes [Sinn]) und Ressourcen in allokativer (materieller) oder autoritativer Form (Koordination des Handelns von Menschen). Die Strukturmomente, mit welchen die Raum- und Zeiteinbindung in soziale Systeme bezeichnet wird und die als Verbindung zwischen Struktur und Handeln positioniert sind, können das Handeln ermöglichen und einschränken und stehen im Verhältnis zum Bewusstsein der Akteure. Die ermöglichenden und einschränkenden Strukturmomente „entfalten ihre Wirkung nicht unabhängig von den Motiven und Gründen, die Handelnde für das, was sie tun, haben" (Giddens 1997, 235). Sie lassen sich vergleichen mit den „Wänden eines Raumes (…), aus dem es für den einzelnen kein Entrinnen gibt, innerhalb dessen sich der Handelnde aber frei bewegen kann" (Giddens 1997, 227). Das bedeutet, dass die Akteure keinesfalls den Strukturen „ausgeliefert" sind: Das Akteurhandeln hat einen individuellen Bewusstseinsbezug, und die Strukturen begrenzen und ermöglichen die individuellen Handlungsspielräume.

Macht ist in Giddens' Verständnis ein Mittel der Akteure und „keine spezifische Verhaltensweise, sondern für jegliches Handeln typisch" (Giddens

1997, 67). Macht ist ein interaktionales Phänomen, welches geregelte Autonomie-/Abhängigkeitsbeziehungen in sozialen Systemen voraussetzt und in diesem Verständnis ein „Mittel [darstellt], Dinge zu verwirklichen (…), Ermöglichung und Zwang zugleich" (Giddens 1997, 229). Wenn von Zwang im weiteren Sinne gesprochen wird (Lindenberg/Lutz 2014), dann wäre festzuhalten, dass zwischen strukturellen Zwängen auf der einen Seite unterschieden werden müsste, die jeder sozialen Interaktion inhärent sind, die individuellen Handlungsspielräume ermöglichen oder begrenzen, aber nicht „determinieren", weil das Handeln durch das Bewusstsein gesteuert wird. Auf der anderen Seite kann Zwang (in Verbindung mit Macht der „zwingenden" Akteure) zu Sanktionen führen, welche als direkte Anwendung von Gewalt oder deren Androhung auftreten kann. Dies wäre eher als Zwang im engeren Sinne zu bezeichnen. Giddens spricht hierbei von „(negativen) Sanktionen" (Giddens 1997, 230). Zwang setzt stets eine Macht des Zwingenden voraus, die sich aus den Strukturen (Regeln/Ressourcen) konstituiert. Und: Die Umsetzung von Sanktionen benötigt Legitimation, d. h. zwangslegitimierende Normen (Giddens 1997).

Gestützt auf diese Überlegungen, könnte angenommen werden, dass „Zwang im engeren Sinne" durch eine Übermacht eines Akteurs gekennzeichnet ist, die den Handlungsspielraum nicht vollständig, aber erheblich einschränken kann, während der „Zwang im weiteren Sinne" möglicherweise eher als strukturell bedingte Einschränkung verstanden werden müsste, die allen Interaktionen inhärent ist. Ob in diesem Verständnis noch von „Zwang" gesprochen werden dürfte, wäre zu diskutieren.

Insofern wird mit Zwangskontext eher ein institutionelles soziales System ausgedrückt, welches durch die Reproduktion von Strukturen (Regeln/Ressourcen) in Raum und Zeit konstituiert worden ist, in denen die Handlungsspielräume der Akteure (nicht nur der Klienten, sondern auch der Fachkräfte) eingeschränkt werden und in denen die Macht als Mittel eingesetzt wird (oder eingesetzt werden kann). Solche institutionellen Zwangskontexte sind in demokratischen Gesellschaften innerhalb des staatlichen Handelns oder im staatlichen Auftrag positioniert (Jugendhilfe, Bewährungshilfe, Gesundheitsämter, Träger mit staatlichem Leistungsvertrag). Wenn nachfolgend von Zwangskontexten gesprochen wird, sind damit institutionelle Zwangskontexte gemeint. Zwang im engeren Sinne oder Handlungen, bei denen Zwang unter Operationalisierung von Macht eingesetzt wird, können in diesen Zwangskontexten stattfinden, sie konstituieren jedoch den Zwangskontext nicht ausschließlich: Nicht in jedem Kinderschutzfall im Jugendamt wird Zwang im engeren Sinne eingesetzt, aber die Möglichkeit der Zwangsanwendung strukturiert die Handlungsspielräume und das Bewusstsein der Akteure.

Die fremdinitiierten Kontaktaufnahmen aus dem sozialen Netzwerk können durch die Strukturmomente in diesen sozialen Systemen (z. B. Paarbeziehung, Arbeitsplatz) begrenzt und ebenfalls durch Machtasymmetrien gekennzeichnet sein, die möglicherweise subjektiv als ähnliche Einschränkung erlebt werden wie institutionelle Zwangskontexte. Auch Phänomene wie „Widerstand" können auftreten. Aber die Macht und die Sanktionierung obliegen nicht den Institutionen, in denen die Fachkräfte der Sozialen Arbeit tätig sind, sondern den zuweisenden Dritten (Arbeitgeber, Ehepartner, Schule etc.). Und die Fachkräfte der Sozialen Arbeit verfügen (meistens) über den Handlungsspielraum, solche Klientenkontakte abzulehnen oder sie an bestimmte Bedingungen zu knüpfen.

Diese Betrachtungen verdeutlichen erste methodische Anknüpfungsmöglichkeiten:

Es ist notwendig, dass alle beteiligten Akteure über die jeweiligen Handlungsspielräume und die sie konstituierenden Strukturen (Regeln / Ressourcen) Klarheit gewinnen und reflexiv damit umgehen. Handlungsspielräume müssen in institutionellen Zwangskontexten und bei der Anwendung von Zwang transparent gemacht werden. Auch außerhalb von Zwangskontexten, bei fremdinitiierten Kontaktaufnahmen aus dem sozialen Netzwerk (Schule, Arbeitgeber, Familie etc.), tragen geklärte Handlungsspielräume zu einer konstruktiven Ausgangslage bei.

Die Begrenzung und Ermöglichung von Handlungsspielräumen zugleich schaffen Autonomie für alle Akteure: Diese Autonomie soll ausgelotet und methodisch genutzt werden. Es gilt, die Handlungsspielräume der Klientinnen zu fördern und die professionellen Handlungsspielräume der Sozialarbeiter zu nutzen.

Handlungsspielräume haben eine strukturelle und eine akteurbezogene Komponente. Genauso wie die strukturierenden Regeln (Normen / Sinn) und Ressourcen ist auch die individuelle Seite, die Motivation, das Bewusstsein der Handelnden, von Bedeutung. Soziale Arbeit in institutionellen Zwangskontexten soll beide Seiten methodisch adressieren: Nur Aufträge und rechtliche Rahmenbedingungen zu klären ist genauso wenig weiterführend, wie bloß auf die Motivationsarbeit zu setzen.

Wer in institutionellen Zwangskontexten tätig ist (und/oder mit fremdinitiierten Klientenkontakten betraut ist), muss sich mit der Thematik Macht auseinandersetzen. Sie ist in solchen Konstellationen eine konstitutive Größe, und Professionalität zeichnet sich dadurch aus, wie mit Macht ethisch und methodisch umgegangen wird.

Zwangskontexte als Orte der Machtasymmetrie: In der Weiterführung der obigen Überlegungen soll die Thematik der Macht in Zwangskontexten nochmals aufgegriffen werden: Macht ist die Voraussetzung, damit Zwang im engeren Sinne, z. B. Zwangselemente, eingesetzt werden kann, und gleichzeitig ist Macht ein wichtiger begründender Faktor von institutionellen Zwangskontexten. Nach Giddens (1997) verfügen alle Akteure, die handeln können, über Macht. Damit wird die Allgegenwärtigkeit von Macht in sozialen Begebenheiten (und auch gegenüber anderen Lebewesen, der Materie) betont. Macht ist ein relationales Phänomen, welches in Machttheorien, welche die sozialen Beziehungen und die Verteilung von Machtquellen zwischen den Akteuren betonen, aufgegriffen wird. Staub-Bernasconi (2007) hat für die Soziale Arbeit versucht, verschiedene machttheoretische Perspektiven zu verknüpfen. Eine wichtige Kategorie in ihrer Betrachtung sind die Machtquellen, die zum Aufbau von Macht genutzt werden. Staub-Bernasconi kristallisiert die folgenden Machtquellen von Akteuren heraus: Körpermacht/physische Ressourcenmacht, sozioökonomische Ressourcenmacht, Artikulationsmacht, Definitionsmacht, Handlungskompetenzmacht und Positionsmacht, soziale Beziehungsmacht/Organisationsmacht.

Für Staub-Bernasconi (2007, 381–392) hat Macht nicht nur eine sozial problematische Seite, weil sie Herrschaft und Ungleichheit aufrechterhält und die Bedürfnisbefriedigung von Individuen behindert – sie nennt sie deshalb „Behinderungsmacht" –, sondern sie hat auch eine begrenzende und gesellschaftlich notwendige, konstruktive Funktion, die „Begrenzungsmacht" genannt wird. Der gesellschaftliche Umgang mit Macht ist in Begrenzungs- und Behinderungsregeln eingelassen. Soziale Arbeit ist mit vielerlei Machtquellen ausgestattet und in Machtstrukturen eingebettet, beispielsweise durch die rechtliche Legitimation der Trägerorganisationen, in die Biografien der Klienten einzugreifen oder in Autoritäts- und Herrschaftsstrukturen von stationären Einrichtungen. Die konkreten Machtquellen der Sozialarbeitenden identifiziert sie wie folgt:

- *„Gesetze, Behördenbeschlüsse und die damit verbundenen Durchsetzungs-, Kontroll- und Sanktionsmittel;*
- *die zur Verfügung stehenden Finanzierungsmittel (Haushaltsvolumen);*
- *relative Überlegenheit des professionellen Wissens und Könnens;*
- *Zugang zum Wissen und Können der Mitarbeitenden anderer Professionen;*
- *direkter Zugang zur Polizei usw."* (Staub-Bernasconi 2007, 399).

Sie hält fest, dass sowohl die Sozialarbeitenden „mit beträchtlicher Macht ausgestattet sind", aber auch die Adressatinnen der Sozialen Arbeit „nicht nur Opfer von fremder Macht [sind]", sondern auch über Machtquellen verfügen und/oder selbst sogar Behinderungsmacht ausüben (Staub-Bernasconi 2007, 401 ff.). Staub-Bernasconi schlägt verschiedene Methoden zum Umgang mit Macht in der Sozialen Arbeit vor und propagiert, dass Soziale Arbeit ihre Machtquellen – als Begrenzungsmacht – nutzen soll. Es wird später in Kap. 3.2 darauf eingegangen, was sich aus dieser Position für Zwangskontexte ableiten lässt.

Urban-Stahl (2012, 140), die sich mit dem Professionsstatus als Machtquelle in der Hilfeplanung der Kinder- und Jugendhilfe auseinandergesetzt hat, versteht Macht – mit Verweis auf Elias – als eine „Struktureigentümlichkeit" aller menschlichen Beziehungen" und weist auf Machtbalancen hin, welche – ähnlich wie der Zugang von Staub-Bernasconi – nach den jeweiligen Machtquellen und relationalen, gegenseitigen Abhängigkeiten fragt. Auch in diesem Verständnis besteht eine Machtasymmetrie zwischen Fachkraft und Klientschaft. Im Rahmen der Hilfeplanung seien die folgenden Machtquellen zentral: Status der Profession (Wissen/Definitionsmacht), Ressourcenverteilung, Vorsprung von Orientierung, Information und Rollensicherheit sowie die Ungleichgleich der Situation der Beteiligten. Sie stellt fest, dass „[d]ie Struktur der ungleichen Machtbalance zwischen Helfer/in und Klient/in in der Jugendhilfe [...] nicht auflösbar, aber durchaus zugunsten der Betroffenen veränderbar" sei (Urban-Stahl 2012, 151), worauf ebenfalls in Kap. 3.2 nochmals eingegangen wird.

Was sind Zwangskontexte? Ausgehend von den oben eingeführten Definitionen, gestützt auf die strukturationstheoretischen und machttheoretischen Überlegungen, folgernd aus den Ausführungen zu selbst und fremdinitiierten Kontaktaufnahmen und als Weiterentwicklung der ursprünglichen Definition in den vorangehenden Auflagen dieses Buches (Kähler 2005, Kähler/Zobrist 2013), die sich auf die Initiative der Kontaktaufnahme bezogen hat, können Zwangskontexte in der Sozialen Arbeit begrifflich wie folgt gefasst werden:

> Zwangskontexte sind strukturelle Rahmenbedingungen der Sozialen Arbeit, die zu eingeschränkten Handlungsspielräumen bei Klienten, Fachkräften und Zuweisern führen und durch institutionelle Sanktionsmöglichkeiten sowie asymmetrische Machtverhältnisse gekennzeichnet sind. Die Interaktionen zwischen Klienten und Fachkräften konstituieren sich aufgrund von rechtlichen Normen und finden i.d.R. fremdinitiiert statt. In Zwangskontexten werden teilweise Zwangselemente als Interventionen eingesetzt, welche die Autonomie der Klienten erheblich beschränken.

Diese begriffliche Eingrenzung impliziert in methodischer Hinsicht vier Aspekte: Erstens verdeutlicht sie die Einbettung von Zwangskontexten in das staatliche Handeln, das bedeutet, dass die Sozialpädagogen die rechtsstaatlichen Prinzipien (z. B. Legalität, Willkürverbot, Verhältnismäßigkeit) einhalten müssen. Zweitens fokussiert diese Eingrenzung auf die eingeschränkten Handlungsspielräume, die gleichzeitig Kontakte, Veränderungen und Chancen ermöglichen. Drittens akzentuieren institutionelle Zwangskontexte die Wichtigkeit des Umgangs mit Macht, die so weit geht, dass Klientinnen durch die asymmetrische Machtbalance der Sozialarbeitenden derart begrenzt werden können, dass ihre Wahlmöglichkeiten und ihre Freiheit erheblich eingeschränkt werden. Und an vierter Stelle verdeutlicht die obige Bezeichnung, dass institutionelle Zwangskontexte und Zwangselemente sozialarbeitstheoretisch und professionsethisch zu begründen sind, weil Zwangskontexte der „Mission der Sozialen Arbeit" (Kaminsky 2015) zunächst entgegenstehen. Auf diese Aspekte wird anschließend eingegangen.

3 Methodisches Handeln in Zwangskontexten

Die bisherigen Ausführungen belegen, dass es von den institutionellen Bedingungen und von den eigenen Einstellungen und Vorannahmen abhängt, wie Fachkräfte auf Anforderungen in Zwangskontexten reagieren. Wie also den herausfordernden Problemen begegnet wird, die in der Sozialen Arbeit mit Zwangskontexten auftauchen, hängt – neben anderen Einflussgrößen – erheblich von den Voraussetzungen der Fachkräfte ab, mit denen sie an Fragen herangehen, wie sie von Trotter (2001, 99) formuliert wurden:

- *„Wie kann jemandem geholfen werden, der keinerlei Interesse an Hilfe hat?"*
- *„Was können Sie mit KlientInnen im Wohlfahrts- oder Justizsystem tun, die zu einer Änderung nicht motiviert sind?"*
- *„Wie können Sie jemanden beraten, der nicht einmal bemerkt hat, dass er ein Problem hat?"*
- *„Wie arbeiten Sie mit Menschen, deren Wertvorstellungen komplett unterschiedlich von Ihren sind?"*
- *„Wie können Sie jemandem gleichzeitig bei der Lösung der Probleme helfen und Macht über ihn ausüben?"*

Obwohl diese und ähnliche Fragen schwer zu beantworten sind, wird dies von den Fachkräften der Sozialen Arbeit erwartet:

„[…] KlientInnen zu helfen, die sich diese Hilfe nicht ausgesucht haben, die Widerstand leisten oder sogar mit offener Gegnerschaft auf die angebotene Unterstützung reagieren; KlientInnen zu helfen und gleichzeitig Informationen zu sammeln, die später gegen sie verwendet werden könnten; bei Gericht gegen KlientInnen aussagen zu müssen und dann eine helfende Beziehung aufzubauen und auf gemeinschaftliche Art und Weise zusammenzuarbeiten, aber doch autoritäre Entscheidungen über das Leben der Klienten treffen zu müssen" (Trotter 2001, 100).

Für die Fachkräfte bedeutet dies, einen Dauerspagat auszuhalten: einerseits mit dem Ziel, zunächst eine tragfähige Arbeitsbeziehung mit den Klienten aufzubauen, ihre Sichtweisen zu verstehen und ihre sozialen Probleme zu verhindern, zu lindern oder zu lösen, andererseits den öffentlichen Interventions- und Kontrollauftrag zu erfüllen. Sie sind „Diener mindestens zweier Herren" (Conen 2013, 102). Es gilt, hier ein Gleichgewicht herzustellen, wie es bereits Böhnisch und Lösch 1973 formuliert haben. Die Fachkräfte müssen es schaffen, „ein stets gefährdetes Gleichgewicht zwischen den Rechtsansprüchen, Bedürfnissen und Interessen der Klienten einerseits und den jeweils verfolgten sozialen Kontrollinteressen seitens öffentlicher Steuerungsagenturen anderseits aufrecht zu erhalten" (Böhnisch/Lösch 1973, 368). Dieses Verhältnis von Hilfe und Kontrolle betrifft nicht nur die Soziale Arbeit, sondern auch andere helfende Berufe, die im öffentlichen Auftrag tätig sind: Zur Aufrechterhaltung von Ordnung und Sicherheit wird den Berufsvertretern in der Psychiatrie der Auftrag erteilt, Personen mit psychisch bedingtem abweichendem Verhalten auch gegen ihren Willen auszugliedern und derart zu behandeln, dass sie gesellschaftlichen Normen wieder entsprechen (Voelzke 1998). Dies betrifft auch Kontexte in der Psychotherapie (Wagner/Russinger 2002). Nach Steinert (2013, 431) zeigt sich im Spannungsfeld zwischen Autonomie und ärztlicher Fürsorgepflicht „der janusköpfige Doppelcharakter psychiatrischen Handelns, das deshalb auch immer wieder sowohl von der einen Seite (mangelnder Respekt vor der Autonomie) als auch von der anderen Seite (mangelnder Schutz der Öffentlichkeit vor gefährlichen Kranken) der Kritik ausgesetzt ist".

Fachkräfte der Sozialen Arbeit stehen an verschiedenen Stellen zwischen „kundenorientierten Dienstleistungsaufgaben" und „wächterorientierten Eingriffsaufgaben" (Schone 2001, 65). Soziale Arbeit als Institution, die Schutz- und Ordnungsinteressen der Gesellschaft zu erfüllen hat, bewegt sich folglich immer — wenn auch in unterschiedlichen Mischungsverhältnissen — einerseits zwischen Ordnungs-, Schutz- und Kontrollaufträgen und anderseits der Aufgabe, den an den Rand gedrängten Individuen dabei zu helfen, ihr Leben zu meistern und gegebenenfalls wieder in die Gesellschaft integriert zu werden (Conen 2013). Die Doppelfunktion von Hilfe und Kontrolle verdeutlicht, dass bei einer Begegnung zwischen Klient und Sozialarbeiter ein unsichtbarer Dritter mit im Spiel ist: der Auftraggeber, der Gesetzgeber, die Person im Hintergrund, die — aus welchen Gründen auch immer — dazu beigetragen hat, dass es zu dieser Begegnung gekommen ist. Der Dialog zwischen Sozialarbeiter und Klient hat deshalb ansatzweise den Charakter eines „Trialogs" oder „Multilogs". Anstatt von einem doppelten Mandat lässt sich häufig von mehrfachen oder — nimmt man etwa die Finanzierungsquelle hinzu — multiplen Auftraggebern sprechen (Pleyer 1996; Wagner/Russinger 2002; Conen 2013). Betrachtet man die Auftragskonstellation der Sozialen Arbeit zusätzlich aus professionstheoretischer Perspektive und nimmt man an, dass die Profession (gestützt auf ihre Wissensbestände) mit ihrer Ethik zusätzlich einen „Auftrag" erteilt, darf vom ständigen „Triplemandat" ausgegangen werden (Staub-Bernasconi 2007, 198 ff.). Diese Auftragskonstellationen und ihre Klärungen zu Beginn der Beratungsarbeit sind methodisch bedeutsam (Kap. 4). Bevor auf die Annahmen und Haltungen (Kap. 3.2) und auf das methodische „ABC" in Zwangskontexten eingegangen wird, soll zunächst die Frage erörtert werden, ob Zwangskontexte überhaupt Veränderungen bewirken können.

3.1 Änderungschancen in Zwangskontexten

Kann die Soziale Arbeit in Zwangskontexten überhaupt Veränderungen erzielen? Diese Frage ist in methodischer Hinsicht entscheidend und auch für die Beantwortung sozialarbeitstheoretischer Fragen, ob Zwangskontexte und/oder Zwangselemente zur Sozialen Arbeit gehören oder nicht, wichtig. Bevor Interventionen als „Irrweg" (Lutz 2011) bezeichnet werden, wäre zu fragen, ob und wie sie wirken, weshalb sie zur Anwendung gelangen etc. Während sich die Methodik in Zwangskontexten seit Beginn des 21. Jahrhunderts weiterentwickelt hat, bleibt ihre empirische Grundlage eher bescheiden. Gleichzeitig ist es in einigen Feldern wie der Jugend- oder Suchthilfe gelungen, Wirkfaktoren herauszuarbeiten, die mit Blick auf die Zwangskontextvariable handlungsleitend sein sollten.

In der Erkundungsstudie von Kähler (2005) wurden die Fachkräfte gebeten, den Prozentsatz der Fälle bei fremdinitiierten Kontaktaufnahmen zu schätzen, bei denen trotz aller Widrigkeiten nachhaltige positive Veränderungen gelingen. Die 74 Fachkräfte gaben einen durchschnittlichen Erfolgsanteil von knapp der Hälfte der Fälle an (48 %). Zwischen den Fachkräften unterschiedlicher Einrichtungshintergründe gab es keine signifikanten Unterschiede (Kähler 2005). Trotz fehlender Repräsentativität deutet diese Zahl an, dass eine große Chance auf nachhaltige Veränderung der Situation besteht. Dies ist ein wichtiges Ergebnis, widerspricht es doch der teilweise noch verbreiteten Annahme, dass unter den ungünstigen Voraussetzungen von eingeschränkten Handlungsspielräumen kaum mit positiven Ergebnissen zu rechnen ist.

Die empirischen Studien zu den Effekten in Zwangskontexten wurden mehrheitlich im Bereich der psychiatrischen Versorgung, in der Suchthilfe, in der Jugendhilfe und im Kontext der Resozialisierung durchgeführt. Bei diesen Effektivitätsstudien sind allerdings methodische Probleme zu bedenken, die beispielsweise bereits bei der Operationalisierung von „Unfreiwilligkeit" oder „Zwang" beginnen, weil „Freiwilligkeit" meistens durch die Absenz gesetzlicher Gründe für die Kontaktaufnahme definiert wird. Außerdem lassen sich anspruchsvolle randomisierte Kontrollgruppendesigns in Zwangskontexten nicht ohne Weiteres umsetzen. Die Datenlage ist daher häufig ungenügend (Rooney 2009, für die Situation im angelsächsischen Raum). Das subjektive Erleben des Zwangs seitens der Klienten ist – unabhängig vom rechtlichen Status – für die Wirkung der Effekte ebenfalls von Bedeutung, da sich nicht alle Zwangskontextklienten als solche empfinden (Vogt 2012, mit Verweis auf weitere Studien). Ebenfalls kann nicht immer zwischen institutionellen Zwangskontexten als Rahmenbedingungen und dem Einsatz von Zwangselementen differenziert werden (Kap. 2.4). Trotz dieser Einschränkungen sollen einige Ergebnisse aus den Forschungen zu Zwangskontexten angeführt werden, die es erlauben, sich einen ersten Eindruck zu verschaffen und Faktoren zu erkennen, die wiederholt in den Befunden auftauchen:

Empirische Studien zur stationären psychiatrischen Behandlung unter Zwang bei psychotischen Patienten deuten darauf hin, dass die initiale Zwangsbehandlung die Aufenthaltsdauer reduziert und die Autonomie der Klienten erhöht (Frank et al. 2005). Steinert/Schmid (2004) fanden ebenfalls keinen Zusammenhang zwischen Freiwilligkeit und Behandlungserfolg bei Schizophreniekranken und arbeiteten heraus, dass der Erfolg vor allem kurzfristig wirksam ist. Evaluationen von gezielten partizipativen Interventionen bei Psychiatriepatienten haben ergeben, dass solche Techniken die Aufenthaltsdauer reduzieren und weniger Zwangseinweisungen notwendig machen (Thornicroft et al. 2010). Eine Katamnesestudie aus der Kinder- und Jugendpsychiatrie zeigte, dass die Eingangsbefindlichkeiten der zwangsweise eingewiesenen Jugendlichen gegenüber den freiwillig eingetretenen Patienten schlechter waren, die Therapieeffekte beider Gruppen nach der Behandlung jedoch als vergleichbar eingeschätzt wurden. Die Möglichkeit der Partizipation hatte ebenfalls einen positiven Effekt, und die Beziehungsgestaltung stellte sich als wichtig heraus (Kühnapfel/Schepker, 2006). Bezogen auf ambulante, gemeindepsychiatrisch ausgerichtete Zwangsbehandlungen bei Erwachsenen, hat der Cochrane-Review von Kisley et al. (2010) die Effektivität von Zwangsinterventionen infrage gestellt, wobei festgehalten werden muss, dass „freiwillige" und „gezwungene" ambulante gemeindepsychiatrische Angebote in den Effekten vergleichbar waren (Kisley/Campell 2014). Zwangsmedikationen werden von den Betroffenen teilweise als hilfreich angesehen, ein Teil akzeptiert sie rückblickend, und einige Patienten lehnen sie ab und werten sie teilweise kritischer als eine Isolierung (Steinert 2013). Steinert weist darauf hin, dass die subjektive Wahrnehmung des Zwangs von hoher Bedeutung ist und nicht mit der „objektiven" Einschränkung einhergehen muss (Steinert 2013).

Im Arbeitsfeld der Straftäterarbeit ist in der Mehrheit der Fälle von Bedingungen des Zwangskontextes auszugehen (eine Ausnahme stellt u.a. der Bereich der Dunkelfeldprävention dar, beispielsweise Institut für Sexualwissenschaft und Sexualmedizin am Universitätsklinikum Charité Berlin 2012). Dennoch zeigen internationale Metaanalysen konsistente Befunde, wonach Rückfallraten mit beraterischen/therapeutischen Methoden im Mittel um 28 % reduziert werden konnten. Gleichzeitig kann festgehalten werden, dass einseitig strafende und sanktionierende Interventionen negative Effekte erzielen (Lipsey/Cullen 2007). Die genauere Betrachtung der eingesetzten Beratungs- und Behandlungsmethoden führt zum Ergebnis, dass besonders das Prinzip der „Responsivity", das bedeutet die Ansprechbarkeit der Klienten und die damit verbundenen spezifischen Strategien und Methoden wie der Förderung der Motivation, anderen Interventionen bei Straftätern überlegen ist. Außerdem zeigt sich, dass kognitiv-verhaltensorientierte Ansätze und ein hoher Strukturierungsgrad der Interventionen bei dieser Zielgruppe Erfolg versprechend sind (Andrews/Bonta 2010). Verschiedene Längsschnittstudien, welche die Resozialisierungsprozesse von Straftätern untersucht haben, zeigten u.a., dass die subjektive Bedeutung von „Wendepunkten" im Leben der Klienten, ihre Handlungsmächtigkeit und ihre subjektiven Perspektiven von großer Bedeutung waren. Ebenfalls als relevant erwiesen sich die persönlichen, sozialen und materiellen Ressourcen der Klienten und eine ressourcenorientierte Sichtweise der Fachkräfte (für einen Überblick: Hofinger 2013). Van Nijnatten/van Elk (2015) haben in der niederländischen Jugendbewährungshilfe die Interaktionsmuster untersucht und herausgearbeitet, dass vor allem die Partizipation der Jugendlichen im Spannungsfeld von Hilfe und Kontrolle und eine ausgewogene Hilfe/Kontrolle-Interaktion von Bedeutung sind. Auch Skeem/Manchak (2008) haben dargelegt, dass ein hybrides Verständnis von Hilfe und Kontrolle in der Bewährungshilfe zu besseren Effekten führt als das einseitige Hilfeverständnis oder die ausschließliche Kontrolle der Probanden. Besonders bei psychisch auffälligen, „schwierigen" Klienten ist dies ein zentraler Wirkfaktor (Kennealy et al. 2012). Die ersten Befunde einer Untersuchung der Beziehungsgestaltung von 275 Dyaden zwischen Probanden und Bewährungshelfern in den Niederlanden legen nahe, dass eine auf Fairness basierende, bindungsorientierte und kooperative Beziehung, eindeutige Ziele und Aufgaben sowie Klarheit über die Rahmenbedingungen wichtig sind, während sich „Widerstand" und Indikatoren für eine schlechte Beziehung als kontraproduktiv erwiesen (Menger/Donker 2013). Trotter führt aus, dass die Erkenntnisse aus den Wirksamkeitsstudien der Arbeit mit Straftätern für andere Arbeitsfelder des Zwangskontextes adaptiert werden können (Trotter 2009).

Im Feld der Programme zur vorübergehenden Beschäftigung von Arbeitslosen – die im Zuge des „Aktivierungsparadigmas" als Zwangskontext ausgestaltet sind – hat eine Untersuchung in der Schweiz gezeigt, dass (abgesehen von der „Passgenauigkeit" der Angebote) die subjektive Sinnhaftigkeit der

Teilnehmenden, d. h. ihre Motivation für die Teilnahme, und die schrittweise Wiederherstellung der Freiwilligkeit den Erfolg beeinflussen. Disziplinierend-repressive Logiken der Programme erwiesen sich eher als kontraproduktiv (Schallberger/Wyer 2010).

Vogt (2012) resümiert mit Blick auf den Forschungsstand im Suchtbereich, dass die Behandlungen von Klientinnen in Zwangskontexten vergleichbare Ergebnisse erzielen wie diejenigen mit „freiwilligen" Klienten. Die Abbruchraten sind mit ca. 50% ebenfalls vergleichbar. Interessant ist in diesem Feld, dass zwei verschiedene Ausgangsbedingungen („freiwillig" und „Zwang") wenig Auswirkungen auf die Motivation haben, oder anders formuliert: Die Motivation erscheint bedeutsamer für den Verlauf zu sein als der Zuweisungskontext (Schaub et al. 2010). Wichtig scheint ebenfalls die helfende Beziehung zu sein, die sich auf die Abbruchraten auswirkt (Vogt 2012). Bei Klienten, die der Behandlung ambivalent eingestellt sind, kann der Zwangskontext offenbar dazu beitragen, dass die Behandlung fortgesetzt wird. Bei Klienten, die über wenig Problemeinsicht verfügen, oder bei Klientinnen, die bereits in der Umsetzung ihres Veränderungsvorhabens sind, scheint der Zwangskontext weniger relevant zu sein (Gegenhuber et al. 2007).

Hoops/Permien (2008) haben untersucht, wie Jugendliche in freiheitsentziehenden Zwangskontexten der Jugendhilfe den Zwang erleben. Die befragten Jugendlichen erlebten die Einweisung zunächst als „Schock", was durch die fehlende Partizipation am Hilfeprozess gedeutet wird (zu ähnlichen Ergebnissen kommt auch Wigger 2009). Die Studie zeigt auf, dass die Qualität und Intensität der Beziehungen zu den Betreuungspersonen die negativen Effekte der strukturellen Rahmenbedingungen reduzieren können und die freiheitsentziehenden Maßnahmen positive Effekte generieren, wenn die Jugendlichen „[...] die Hilfe für sich anerkennen und mitgestalten, d. h. die Maßnahmen nicht nur als Zwang erfahren, sondern die drastische Grenzsetzung durch den Freiheitsentzug als Chance nutzen lernen [...]" (Hoops/Permien 2008, 110). Die Vermutung, dass unter Zwangsbedingungen keine pädagogische Beziehung zustande kommt, konnte nicht bestätigt werden. Eine Langzeitstudie von Menk et al. (2013) zur geschlossenen Unterbringung hat ergeben, dass die Jugendlichen die Intervention nach anfänglicher Negativbeurteilung positiv bewerten, sie Selbstwirksamkeitserfahrungen machen konnten, die Geschlossenheit selbst die Jugendlichen weniger beschäftigt, sondern sich eher als ein berechenbarer Rahmen erwiesen hat und die Jugendlichen retrospektiv eine subjektiv sinnhafte Erklärung für den Aufenthalt konstruieren. Wichtig waren ein gutes Fallverstehen der Fachkräfte, ein konstruktiver Umgang mit den hohen (und vielfältigen) Erwartungen, eine funktionale Attribution der Maßnahme durch die Beteiligten, eine gute Anschlusslösung und die Bedeutung der Herkunftsfamilie. Die Verläufe haben den Jugendlichen nicht geschadet, aber auch der Nutzen blieb neutral, wobei die Bedeutung der Zwangsintervention im Gesamtverlauf betrachtet werden müsse.

Retz (2015) hat in ihrer Dissertation einen Kurs für sogenannte „hochstrittige Trennungseltern" in Zwangskontexten evaluiert und festgestellt, dass die gerichtlich zum Kurs verpflichteten Eltern den Zwang im Verlaufe positiv umdeuteten und den Zwangskontext als wichtiges Element ihres Trennungsprozesses einordneten. Die gezwungenen Eltern waren mit der gerichtlichen Auflage/Empfehlung im hohen Maße zufrieden.

Die im deutschsprachigen Raum durchgeführten Effektivitätsstudien in der Jugendhilfe betreffen nicht ausschließlich Zwangskontexte. Dennoch sollen einige Befunde ausgeführt werden, die im Lichte der obigen Ausführungen als relevante Faktoren erscheinen: Auf der Ebene der zuweisenden Jugendämter haben sich insbesondere Faktoren des methodischen Handelns (Diagnostik/Indikation, ressourcen-/wirkungsorientierte Hilfeplanung, Wirkungsdialog und Case Management) als wirkungsrelevant erwiesen. Auf der Ebene der Leistungserbringer (der Träger) und der Adressaten zeigt sich — und das ist für Zwangskontexte relevant, weil genau diese Faktoren aufgrund der Einschränkung der Handlungsspielräume und Dynamiken der Macht tangiert werden —, dass neben der Hilfedauer vor allem die Partizipation, Beziehungsqualität, Kooperation, Elternarbeit und ressourcenorientierte Pädagogik von großer Bedeutung sind (Macsenaere 2016). Wichtig erscheint, dass „bei ausgeprägter Partizipation […] weit überdurchschnittliche Effektstärken erreicht [werden], während bei geringer Partizipation im Durchschnitt nahezu keine Veränderungen vorliegen" (IKJ 2015, zitiert in Macsenaere 2016, 199). Die Beziehungsqualität ist vor allem durch Verlässlichkeit, Vertrauen und klare Orientierung charakterisiert. Schlechte Beziehungsqualität führt zu neutralen oder negativen Effekten (Macsenaere 2016; Lee/Ayon 2004). Der einflussreichste Wirkfaktor war die Kooperation zwischen Fachkräften und Klienten sowie den Eltern (Schmidt et al. 2002), wobei Macsenaere (2016) darauf aufmerksam macht, dass damit nicht nur die Kooperationsbereitschaft gemeint ist, sondern auch die Fähigkeit der Fachkräfte, diese zu fördern.

Auch Rooney führt in seiner Zusammenfassung zu den empirischen Erkenntnissen zur Wirksamkeit von Interventionen in Zwangskontexten aus, dass Klienten, die aufgrund von gesetzlichen Vorgaben zur Hilfe verpflichtet werden, genauso erfolgreiche Resultate erreichen wie „freiwillige" Klienten (Rooney 2009, 49). Mit Blick auf die Forschung identifiziert er folgende Faktoren, die bedeutsam erscheinen: die Erarbeitung eines prosozialen Rollenmodells, welches sowohl einen internalen „Change" bei den KlientInnen hervorrufen soll als auch die Beziehung mit dem Klienten strukturiert (Kap. 6.4), und die motivationale Kongruenz zwischen Klientin und Beraterin, welche die Elemente der Kontrollerfahrung in Bezug auf die Autonomieeinschränkung, der Rollenklärung, der Verhaltensvereinbarungen und der Partizipation in Form von „Adherence" beinhalten (Rooney 2009).

Vielleicht sollte an dieser Stelle noch ausgeführt werden, welche Faktoren in Zwangskontexten aus Sicht der Empirie nicht als wirksam gelten. Nach Trotter (2001) sind dies: Beschuldigen, Beschämen und Bestrafen, wobei konstruktive Konfrontationen, verbunden mit dem Versuch, Probleme anzusprechen und Positives zu verstärken, wirksam sein können (Kap. 5.3). Dass repressive und aggressive Vorgehensweisen nicht wirksam sind, erscheint klar. Interessant ist, dass eine reine Beziehungsorientierung („Beziehungsarbeit") ohne inhaltliche Fokussierung ebenfalls wenig Wirkung verspricht. Einseitig durch die Sozialarbeiterin gesetzte Ziele scheinen ebenfalls wenig zu wirken, und Unklarheiten sowie Intransparenz über die Sinnhaftigkeit der Intervention und die Art der Kontrollen waren genauso nicht Erfolg versprechend wie eine pessimistische Defizitoptik der Fachkräfte und die Ignorierung des sozialen Kontextes.

Ob die Verstärkung des sozialarbeiterischen Drucks auf die Klientinnen die Veränderungschancen erhöht, muss bezweifelt werden: Retkowsky et al. (2011) haben einen Kindesschutzfall rekonstruiert, bei welchem schematisch auf das Handlungsmuster „Die Familie braucht mehr Druck" zurückgegriffen wird, was sich als kontraproduktiv erwies. Magnin (2005) hat aufgrund von Untersuchungen in der Arbeitsvermittlung, der Zwangskontextcharakter zukommt, einige Rollenmodelle der Beraterinnen herausgearbeitet, in denen vor allem auf repressive Aspekte gesetzt wird, was zu strategisch-angepasstem Verhalten der Klienten führte, aber nicht zu konstruktiven Problemlösungen. Und: Klienten können Zwangskontexte als demütigend und nutzlos erleben, wenn sie keinen Sinn in den verordneten Hilfen sehen können und/oder diese primär versteckt repressiven sozialpolitischen Zwecken dienen, wie dies eine Studie zur Kooperation in der schweizerischen Sozialhilfe festgestellt hat (Eser Davolio et al. 2013).

Zusammengefasst kann festgehalten werden, dass in Zwangskontexten – allgemein gesprochen – positive Wirkungen erreicht werden können, und die Aussage, dass Zwangskontexte „nichts bringen", relativiert werden sollte, sofern bestimmte fachliche Standards eingehalten und spezifische Methoden eingesetzt werden. Die Befunde aus der Forschung lassen sich in drei methodische Anknüpfungspunkte, das methodische „ABC" in Zwangskontexten, zusammenführen, auf die in den nachfolgenden Kapiteln eingegangen wird:

Das methodische „ABC" in Zwangskontexten

A: Auftrags- und Rollenklärung: Die Wichtigkeit der Kooperation, Partizipation und der professionelle Umgang mit dem Spannungsfeld von Hilfe und Kontrolle sowie die „hybride" und transparente Umsetzung dieser Rollen. Gleichzeitig gehören das Ausloten der Handlungsspielräume, der Begrenzungen und Ermöglichungen, die sich aus dem Zwangskontext ergeben, und die Klärung der Machtverhältnisse zu den methodischen Herausforderungen (Kap. 4).

B: Motivation: Das subjektive Erleben der Klientinnen, die Generierung von Sinn und Motivation und die Arbeit an Zielen scheinen ein zentraler Anknüpfungspunkt zu sein. Der Zwangskontext allein bewirkt keine Veränderung, sondern die gezielte Arbeit an persönlichen Perspektiven kann Veränderungen in Zwangskontexten möglich machen. Eine Voraussetzung dafür ist die Wahrnehmung einer IST-SOLL-Diskrepanz und damit ein Problembewusstsein (Kap. 5).

C: Beziehungsgestaltung: Ohne Kooperation und tragfähige Arbeitsbeziehung scheinen keine Veränderungen möglich zu sein, und die besondere Konstellation in Zwangskontexten, wie die eingeschränkte Autonomie, das Erleben von Macht, die Einschränkung der Befriedigung von Grundbedürfnissen oder der Einfluss der Kontrolle, erfordert eine spezifische Beziehungsgestaltung, die mit „Widerstand" professionell umgehen kann (Kap. 6).

Allerdings ist festzuhalten, dass die Datenlage unbefriedigend ist, die obigen Ausführungen nur erste Hinweise darauf geben, was in Zwangskontexten sozialarbeitsmethodisch zu beachten ist, und weitere Forschungen für die Belange der Sozialen Arbeit in Zwangskontexten, über positive und negative Wirkungen der Interventionen und die Frage der Professionalität der Fachkräfte voranzutreiben sind.

3.2 Annahmen und Haltungen

Bevor in den folgenden Kapiteln auf spezifische Techniken zum Umgang mit Klienten in Zwangskontexten, das „ABC", eingegangen wird, sollen zunächst grundlegende Annahmen und Haltungen reflektiert werden. Was die Sozialarbeiter über die Klienten in Zwangskontexten denken, hat einen wichtigen Einfluss auf die Beziehungsgestaltung (De Boer/Coady 2006) und diese wiederum auf die Erfolge, wie die Studie von Lee/Ayon (2004) im Kinderschutz zeigen konnte.

Akzeptanz des Zwangskontextes als Teil des beruflichen Selbstverständnisses: Hesser (2001, 36) zitiert eine an der Universität Utrecht durchgeführte Untersuchung, nach der „SozialarbeiterInnen dazu neigen, über die von ihnen signalisierten Notwendigkeiten undeutlich zu bleiben und um den heißen Brei herumzureden". Auch Albrecht et al. (2016) haben in ihrer Untersuchung zu Hausbesuchen bei Kindeswohlgefährdungen festgestellt, dass die Fachkräfte zur Bewältigung des Spannungsfeldes von Hilfe und Kontrolle unterschiedliche Strategien einsetzen und eher die Pole „Beziehungsaufbau und Kontrolle" (und nicht „Hilfe und Kontrolle") thematisierten: Einige Fachkräfte operationalisierten den Hausbesuch als „offensives Kontrollinstrument", andere konstruierten ihn eher als Möglichkeit, Kontakt aufzubauen und an der Beziehung zu arbeiten. Urban (2004) hat in ihrer Studie festgestellt, dass Sozialarbeitende ihre Interventionen auch dann als Hilfe bezeichneten, wenn Kontrollhandlungen durchgeführt wurden. Offenbar besteht eine gewisse Skepsis gegenüber Zwang: Steinert et al. (2001) haben im Rahmen ihrer empirischen Studie zu Zwangseinweisungen und der Zwangsbehandlung mit Neuroleptika bei an Schizophrenie erkrankten Patienten herausarbeiten können, dass Sozialarbeitende signifikant häufiger gegen Zwangsbehandlungen stimmten als andere medizinische Berufsgruppen sowie Laien (Nebenbei: Die jeweiligen Erfahrungen mit psychisch erkrankten Menschen waren nicht oder nur schwach prädiktiv).

Die Auftrags- und Rollenklärung, d. h. das Schaffen von Orientierung für alle Beteiligten und die Transparenz von Aufträgen, Erwartungen, Sanktionen usw. (Ausführungen dazu in Kap. 4), kann nur gelingen, wenn die Fachkräfte selbst für sich klären, welches grundsätzliche Selbstverständnis ihre Arbeit im Zwangskontext prägt.

Nach Kaminsky (2015) ist Hilfe stets unter bestimmten Bedingungen erhältlich, sodass auch die Kontrolle zur Aufgabe der Sozialen Arbeit gehört. Bezogen auf die eigene Positionsfindung, erscheint es zunächst bedeutsam, die Einsicht zuzulassen, dass es berufliche Situationen gibt, in denen – nach entsprechend sorgfältiger Prüfung und insofern begründet und kontrolliert – die Anwendung von „Macht, Zwang und Gewalt" (Demand 1990, 411) notwendig ist. Dieser Teil der beruflichen Wirklichkeit verhindert die bedenkliche Tendenz, diesen ungeliebten Teil der Tätigkeit, „an dem man sich möglicherweise die Hände schmutzig machen kann" (Demand 1990, 401), an weniger qualifizierte Fachkräfte abzugeben, statt sich selbst der Verantwortung für derart schwierige Situationen zu stellen (Demand 1990). Das Eingeständnis, dass Zwangselemente zu den „geachteten Bestandteilen des professionellen Handlungsrepertoires" (Schwabe 2012, 79) gehören und damit weder verschämt ausgeführt noch gegenüber den Klienten verleugnet oder „schöngeredet" werden müssen, scheint eine wesentliche Voraussetzung der Professionalität in Zwangskontexten zu sein (Kap. 4).

Es geht also letztlich um eine nicht nur oberflächlich und halbherzig auf der rein kognitiven Ebene angesiedelte Zulassung des Kontrollauftrags der Sozialen Arbeit, sondern um eine echte innere Akzeptanz auch dieses Teils des beruflichen Auftrags. Es gilt anzuerkennen, dass Sozialarbeiter – zur Not auch mit Zwangselementen – im Sinne der Durchsetzung wichtiger und unstrittiger normativer Erwartungen tätig werden:

> *„Kinder sind nicht zu schlagen oder zu missbrauchen, Drogen sind nicht oder in anderen Dosierungen einzunehmen, Aggressionen sind nicht in Form von Gewalttätigkeiten auszudrücken, Schulden sind nicht durch Banküberfälle auszugleichen usw." (Conen 1999, 285 f.).*

Sich auf Soziale Arbeit als Beruf einzulassen setzt die Einsicht voraus, dass soziale Hilfen und Unterstützungen aus öffentlichen Mitteln bereitgestellt werden, um Normalität zu sichern. Dazu zählt zwingend die Kontrolle der Klienten, denen Hilfe zur Erreichung dieser Normalität angeboten wird (Bosshard et al. 2007). Sozialarbeiter müssen sich deshalb prüfen, inwieweit sie mit diesen normativen Vorgaben konform gehen können – nur dann ist damit zu rechnen, dass sie die entsprechende Kontrollaufgabe auch für sich akzeptieren und mit Überzeugung nach außen vertreten (Bosshard et al. 2007).

Neben den verbesserten Erfolgsaussichten hat diese innere Klarheit auch psychohygienische Vorteile: Die Akzeptanz des Hilfeauftrags in Verbindung mit den dazugehörenden Kontroll- und Schutzaufgaben kann dazu beitragen, die eigene Verantwortlichkeit besser abzugrenzen und beispielsweise über Formen kollegialer Beratung an Sicherheit zu gewinnen (Schone et al. 1997). Nicht verschwiegen werden soll ferner ein fachfremder Aspekt: Es könnte letztlich den Verlust des Arbeitsplatzes heraufbeschwören, wenn eine Fachkraft sich dem Kontrollauftrag entzieht (Bosshard et al. 2007).

Sind die eigene Positionierung und die Herstellung einer klaren beruflichen Identität hinsichtlich der Arbeit in Zwangskontexten gelungen, können diese auch nach außen vertreten werden. Dazu zählt zunächst die Verdeutlichung des eigenen Stellenprofils gegenüber anderen Fachkräften einschließlich der eigenen Vorgesetzten sowie gegenüber Kollegen innerhalb und außerhalb der eigenen Einrichtung (hierzu mehr bei Kähler 1999; Hesser 2001).

In der Fachdiskussion wird wiederholt die Forderung eingebracht, Hilfe und Kontrolle seien personell zu trennen (Strass 2004; Magnin 2005). Als Argument für diesen Vorschlag wird die Vermeidung von Rollenvermischungen genannt. Für eine derartige Rollentrennung spricht auch, dass die Klienten beide Aufgabenstränge besser nachvollziehen können, da sie unterschiedlichen Fachkräften zugeordnet werden. Hinzu kommt, dass diese Fachkräfte den Fall aus unterschiedlicher Perspektive wahrnehmen und auf diese Weise die Mehrdimensionalität des Falles angemessener diagnostiziert werden kann. Die Vorteile einer solchen personellen Trennung sind ersichtlich (Schone et al. 1997). Allerdings stellt sich in Zwangskontexten die Frage, ob die Nachfrage der Klienten nach Hilfe bei den Kontrolleuren und die Kontrollaufgaben der Helfer überhaupt differenziert werden können. Dies ist besonders dann der Fall, wenn im ersten Moment seitens der Klientschaft keine Hilfe nachgefragt wird. Entscheidender als eine personelle Trennung scheint es eher zu sein, sich als Fachkraft in „Personalunion" bewusst zu werden, dass sich der methodische Modus bei „Hilfe" von der „Kontrolle" unterscheidet und ausschließliche Kontrolltätigkeiten nicht den Voraussetzungen sozialarbeiterischer „Koproduktion" unterliegen. Zudem darf „Kontrolle" nicht als „Hilfe" angeboten werden (Klug/Schaitl 2012).

Ethische Aspekte: Sofern Zwangskontexte zum Arbeitsfeld und Zwangselemente zum beruflichen Repertoire der Sozialen Arbeit gehören, sind sie nicht nur sozialarbeitstheoretisch, sondern auch ethisch zu begründen. Zwangskontexte stellen die „Mission der Sozialen Arbeit", für Menschenrechte und Gerechtigkeit einzustehen und die Autonomie der Klienten zu wahren, infrage, sodass eine normativ-ethische Positionierung notwendig ist (Kaminsky 2015). Betrachtet man die Grundrechte und die Professionsethik der Sozialen Arbeit, so ist auf den ersten Blick anzunehmen, dass Zwang und Nötigung durch Professionelle, d.h. die Anwendung von Zwangselementen, als unethisch gilt und abzulehnen ist (Kaminsky 2015). Zwang kann nach Kaminsky nur legitimiert werden, wenn er legal ist, d.h. gesetzlich geregelt ist und den übergeordneten Normen entspricht, weil sich die Professionsethik nicht über Grundrechte und richterliche Entscheidungen stellen dürfe (Kaminsky 2015; identisch: Rosch 2011).

Rooney macht auf die Wichtigkeit der rechtlichen und ethischen Reflexion der Arbeit in Zwangskontexten aufmerksam und argumentiert, dass nicht nur auf die Legalität abzustellen sei, sondern sich auch Fragen der berufsethischen Legitimität stellen würden, wobei jeweils die rechtlichen und ethischen Ansprüche übereinstimmen oder voneinander abweichen können (Rooney 2009).

Für die sich in den verschiedenen Kombinationen ergebenden Dilemmata (Tab. 1) schlägt Rooney unterschiedliche Verfahrensweisen vor (2009, 35 ff.):

In Feld 1, bei dem die Intervention sowohl rechtlich als auch ethisch begründet werden kann, sollen sich die Fachkräfte fragen, ob die rechtlichen Grundlagen für den konkreten Eingriff vorhanden sind und ob eine (formelle und fachliche) Zuständigkeit besteht. Außerdem müssen die Fachkräfte klären, ob die Sachlage ausreichend klar ist und die rechtlichen und fachlichen Kriterien für eine Intervention erfüllt werden. Die Fachkräfte haben die Rollen und Verantwortlichkeiten zu klären und mit den Klienten festzulegen, welche Inhal-

Tab. 1: Rechtliche Vorgaben und ethische Leitlinien zu Interventionen in Zwangskontexten (Rooney 2009, 35; modifiziert)

	Ethische Leitlinien erfüllt	Ethische Leitlinien nicht erfüllt
Rechtliche Grundlagen erfüllt	Die Intervention im Zwangskontext ist rechtlich begründet und ethisch legitimierbar. Feld 1	Die Intervention im Zwangskontext ist legal, aber unethisch. Feld 2
Rechtliche Grundlagen nicht erfüllt	Die Intervention im Zwangskontext ist ethisch begründbar, aber ohne rechtliche Grundlage. Feld 3	Die Intervention im Zwangskontext ist ohne rechtliche Grundlage und unethisch. Feld 4

te verhandelbar und welche nicht verhandelbar sind. Außerdem sollen sie die Klienten auf ihre Rechte und Pflichten aufmerksam machen.

In Feld 2 handelt es sich um eine Intervention im Zwangskontext, welche zwar rechtlich begründet werden kann, die aber unethisch ist. Dies kann beispielsweise bei gesetzlich vorgeschriebenen Meldepflichten der Fall sein, die in bestimmten Situationen zur Verschlechterung des Zustandes des Klienten und Zuspitzung seiner sozialen Probleme führen können. Hier wird aus ethischer Perspektive gefordert, dass sich die Fachkräfte auf verschiedenen Ebenen für Änderungen der gesetzlichen Regelungen einsetzen („Advocacy"). Ebenfalls soll überlegt und nach kollegialer Beratung oder Supervision entschieden werden, ob im Einzelfall offener oder verdeckter Widerstand gegen die Regel geleistet werden soll. Eine letzte Möglichkeit bei fortgesetzter legaler, aber illegitimer Praxis besteht darin, den Arbeitsbereich zu wechseln oder die Einrichtung zu verlassen.

In Feld 3 können Interventionen zwar ethisch begründet werden, sie haben jedoch keine rechtliche Grundlage. Beispielsweise können im Kinderschutz oder im Betreuungsrecht Fallkonstellationen entstehen, in denen ein Intervenieren fachlich und ethisch erforderlich wäre, es aber dazu keine gesetzliche Handhabe für eine eingreifende Hilfe gibt. In dieser Situation soll der Klient über mögliche Folgen und Risiken seines Handelns und die rechtlichen Schranken informiert werden. Allenfalls kann versucht werden, ihn zu überzeugen, bestimmte Veränderungen vorzunehmen oder Hilfe anzunehmen. Dabei muss jedoch die Selbstbestimmung des Klienten respektiert werden. Der Einsatz von Anreizen/Belohnungen ist ebenfalls denkbar. Auch in diesem Feld werden den Fachkräften wiederum „Advocacy"-Strategien nahegelegt.

Auch Staub-Bernasconi (2007, 400) argumentiert, dass die Legalität allein nicht ausreiche und es nicht genüge, „autoritativ auf ein Gesetz oder einen Beschluss oder auch nur auf einen Auftrag oder eine Leistungsvereinbarung hinzuweisen". Die Handlungsspielräume müssten genutzt werden. Dies müsse „unter Abwägung der Interessen der Gesellschaft, repräsentiert durch den Träger, des Klienten wie der berufsethischen Vorgaben der Profession (Triplemandat) erfolgen" (Staub-Bernasconi 2007).

Wenn weder rechtliche Grundlagen noch ethische Leitlinien die Interventionen im Zwangskontext rechtfertigen können (Feld 4), soll nicht versucht werden, die Selbstbestimmung der Klienten einzuschränken oder sie zu Veränderungen zu zwingen. Vielmehr soll ihnen angeboten werden, sie bei der Erreichung konstruktiver Ziele zu unterstützen. Möglicherweise können auch andere Einrichtungen außerhalb des Zwangskontextes dem Klienten behilflich sein.

Für die Arbeit in Zwangskontexten der Sozialen Arbeit benennt Rooney (2009, 32 ff.) vier ethische Grundprinzipien:

> **Ethische Grundprinzipien**
> Fördere das Prinzip der Einverständniserklärung („Informed Consent") und ein rechtsstaatliches Verfahren.
> Fördere die Ermächtigung, die Beteiligung der Klienten bei der Hilfeplanung und die Errichtung eines Arbeitsbündnisses.
> Kommuniziere ehrlich und vermeide Manipulationen oder Verschleierungen.
> Setze dich anwaltschaftlich und antidiskriminierend für die Klientel ein.

Diese Prinzipien können mit den folgenden Merkpunkten von Kaminsky (2015), Zinsmeister (2015), Rosch (2011) und Miller/Rollnick (2015) ergänzt werden:

- Zwangskontexte erfordern eine kritische professionelle Auseinandersetzung.
- Interventionen in Zwangskontexten müssen fachlich indiziert sein, d.h., es ist ungenügend, wenn andere Professionen (z.B. Juristen) die fachliche Indikation behaupten.
- Die Intervention muss wirksam sein und darf den Klienten nicht schaden (Prinzip des Nichtschadens).
- Die Grenzen der Wirkung von Zwangskontexten muss im Auge behalten werden.
- Bei ethischem Unbehagen sollen die Interessenlagen geklärt und die eigene Position gegenüber der Klientschaft offengelegt werden.

- Die Eigeninteressen der Fachkräfte dürfen nicht mit motivationsfördernden Interventionen durchgesetzt werden (Manipulationsgefahr; Becker-Lenz et al. [2015, 277] sprechen von „Motipulationsstrategie", die sie in der Schulsozialarbeit, also außerhalb des institutionellen Zwangskontextes, rekonstruiert haben).
- Die Anwendung von Zwangselementen, d.h. „Nötigung und Zwang", muss in der konkreten Situation begründet werden.
- Die Prinzipien des rechtsstaatlichen Handelns, d.h. das Willkürverbot, Verhältnismäßigkeitsprinzip (Eignung, Erforderlichkeit, Angemessenheit), werden eingehalten.

Umgang mit Macht: Miller und Rollnick (2015) bringen Zwangskontexte mit dem Vorhandensein von Macht und der Möglichkeit der Fachleute, die Klientinnen zu beeinflussen, in Verbindung. Vogt empfiehlt, die mit Zwangskontexten einhergehenden Thematiken der Macht, Kontrolle und Sanktionen methodisch aufzunehmen (Vogt 2012). Die in den nachfolgenden Kapiteln 4 bis 6 vorgestellten methodischen Anknüpfungspunkte sollen dies gezielt unterstützen, gleichzeitig lassen sich einige übergeordnete Aspekte benennen, welche nachfolgend erwähnt werden:

Mit der Ausübung von Kontrolle ist die Gefahr des Machtmissbrauchs verbunden. Bosshard et al. (2007, 73) melden den Bedarf an „Reflexions- und Evaluationsmethoden zur Kontrolle verdeckter Machtprozesse und willkürlicher Machtausübung" an. Nach ihrem Dafürhalten ist außerdem die Kontrolle des beruflichen Handelns durch die Klienten selbst, etwa durch gemeinsame Prozessreflexion, systematisch zu fördern (dazu auch Bibus 2009). Für die pädagogische Arbeit in Einrichtungen der (geschlossenen) Erziehungshilfe hat Schwabe (2008) einige fachliche Leitlinien benannt, wie die Anwendung von Zwang (z.B. „Auszeitraum") im Rahmen der Eintrittsphase vorab geklärt werden soll und in welcher Weise die Zwangsanwendung professionellen Kriterien genügen kann. Die möglichen Widersprüche, aber auch das unterschiedliche subjektive Erleben des Zwangs durch die Klienten sowie die Selbstwahrnehmung der Fachkräfte als Zwangsausübende und Kontrolleure erfordern kollegiale, supervisorische und auf eine Organisationsentwicklung bezogene Reflexionen. Zudem scheint ein professionelles „Bekenntnis" nötig zu sein, dass sich Zwangsanwendungen in bestimmten Arbeitsfeldern der Sozialen Arbeit rechtlich stützen, fachlich begründen und ethisch legitimieren lassen. Der Professionalität ist gleichzeitig geschuldet, die Ausübung von Zwang methodisch zu fundieren, die konkrete Praxis zu dokumentieren, die Wirkungen zu erforschen und sie zu reflektieren. Keinesfalls darf unterlassen werden, mit den Klienten die Zwangsmaßnahmen vor- und nachzubesprechen (methodische Hinweise bei Schwabe 2008).

Staub-Bernasconi (2007, 397 f.) schlägt eine kritische Auseinandersetzung der Sozialarbeitenden mit dem Thema Macht vor, weil Macht in allen sozialen Beziehungen immanent sei:

„Die Frage ist also nicht, ob Sozialarbeitende Macht haben, haben dürfen oder nicht, wollen oder nicht, sondern, ob sie die ihnen in jeder Situation zur Verfügung stehende Macht im behindernden oder im begrenzenden Sinne einsetzen."

Aus ihrer machttheoretischen Betrachtung (Staub-Bernasconi 2007) lassen sich für Zwangskontexte die folgenden übergeordneten methodischen Folgerungen ableiten:

- Bewusstseinsbildung der Fachkräfte für ihre Machtquellen und Reflexion der Legitimation ihrer Macht
- Analyse der Machtquellen aller Akteure
- Analyse der Machtstrukturen, d.h. der Normen, Regeln und der Verteilung von Ressourcen
- Gespräche über Macht führen und die Machtquellen aller Akteure thematisieren
- Bewusstsein über Interpretations- und Handlungsspielräume der Fachkräfte
- Machtdynamiken differenzieren und bewerten: Was ist illegitime Behinderungsmacht, was ist legitime Begrenzungsmacht?
- Klientinnen ermächtigen, sie teilhaben lassen und partizipieren lassen
- Möglichkeiten der Beschwerde und des Wechsels von Fachkräften, Hinweise und Unterstützung bei Ergreifung von Rechtsmitteln und Anrufen von Ombudsstellen

Urban-Stahl (2012) fordert zum Umgang mit Machtbalancen im Rahmen der Hilfeplanung in der Jugendhilfe, dass die Sozialpädagoginnen transparent über die Einflüsse der äußeren Rahmenbedingungen auf der einen Seite und fachlichen Begründungen auf der anderen Seite informieren und dabei die Grenzen nicht verwischen. Sie propagiert aufgrund des Machtungleichgewichtes wegen des professionellen Status dafür, „die Institutionen adressatenfreundlich zu gestalten, Informationen transparent zu handhaben und Betroffene über ihre Rechte und Abläufe aufzuklären". Die Voraussetzung zum Umgang mit Macht sei ein „aktiver Machtverzicht" der Sozialarbeitenden.

Wiederholt wurde die Legalität von Zwangskontexten als ethische Voraussetzung erwähnt. Gleichzeitig wurde angefügt, dass Legalität und Legitimität nicht in jedem Fall übereinstimmen müssen. Deshalb verdienen die übergeordneten sozial- und kriminalpolitischen Rahmenbedingungen, in denen

Zwang gefordert und rechtlich ermöglicht oder verlangt wird und Zwangskontexte konstituiert werden, die kritische Beachtung durch die Soziale Arbeit. Dies ist insbesondere dann von professioneller Relevanz, wenn Zwangskontexte der Sozialen Arbeit nicht der Inklusion dienen, sondern eine gezielte Ausschließung von Menschen zur Folge haben (Dollinger/Schmidt-Semisch 2011) und potenziell als Behinderungsmacht eingesetzt werden. Die fachliche Begründung von Zwang und des Handelns in institutionellen Zwangskontexten darf sich nicht nur auf Werte und Normen stützen, sondern muss die kritische Frage, welche Effekte Zwangskontexte in der Sozialen Arbeit haben können, mitberücksichtigen (Rooney 2009). Die Erkenntnisse, wie sich Zwang auswirkt und ob Zwang „wirksam" ist, hat wiederum eine hohe ethische Bedeutung in Form der Begründungspflicht und Notwendigkeit der Indikation einer Intervention im Zwangskontext oder der Anwendung von Zwangselementen (Kaminsky 2015).

3.3 Methodische Prinzipien – das „ABC" in Zwangskontexten

Die methodischen Prinzipien leiten sich aus den in Kap. 3.1 vorgestellten Befunden aus der Forschung ab und versuchen, die wichtigsten Erkenntnisse zu bündeln:

- „A": Auftrags- und Rollenklärung
- „B": Motivation
- „C": Beziehungsgestaltung

Die Abfolge „ABC" könnte eine lineare Reihenfolge der Interventionen implizieren. So ist es aber nicht gedacht, weil zwar die Auftrags- und Rollenklärung stets an den Anfang gehört, aber im Verlaufe der Arbeit und besonders in kritischen oder unklaren Situationen wiederholt werden muss. Die Arbeit an der Motivation (Förderung der Problemeinsicht, Erarbeitung von Perspektiven und Zielen etc.) erfolgt meistens in einem zweiten Schritt, wobei sich erweisen wird, dass vor allem eine passgenaue, „maßgeschneiderte" und damit stufengerechte Motivationsförderung wichtig ist, und die Beziehungsgestaltung betrifft alle Phasen der Arbeit und steht keinesfalls an dritter Stelle. Gleichzeitig sind diese drei methodischen Prinzipien nicht in jedem Fall im Vordergrund. Bei einigen Fällen scheint die Auftrags- und Rollenklärung von hoher Wichtigkeit zu sein, in anderen Fällen ist es die Motivationsarbeit und/oder die Beziehungsgestaltung.

Die Erfahrungen in Praxisprojekten, Coachings, Intervision, Seminaren und in der Lehre haben gezeigt, dass es für effektive Fallverläufe und zur Verhinderung von Blockaden und Konfliktsituationen in Zwangskontexten von Bedeutung ist, methoden- und beratungsschulübergreifend, stets die drei Prinzipien im Auge zu behalten. Dazu drei Praxisbeispiele:

> **BEISPIEL**
>
> Eine **Suchthilfeeinrichtung** wird im Rahmen einer Kinderschutzintervention gebeten, mit einem Vater zusammen seine Kokainproblematik zu besprechen, weil sich hier Gefährdungsmomente für das Kind ergeben würden. Die Sozialarbeiter der Suchteinrichtung sind begeistert von der Einsicht des Vaters und seiner verbindlichen Termineinhaltung, obwohl das Jugendamt eine klare Auflage ausgesprochen hat. Der Vater geht auf die Suchtberatung ein, weil er denkt, er sorge mit seinem Kooperationswillen dafür, dass das Jugendamt „Ruhe gibt". Er ist sich aber nicht sicher, ob er bei den Urinkontrollen einwilligen soll.

Was passiert, wenn er wieder konsumiert? Verliert er vielleicht doch das Aufenthaltsbestimmungsrecht über das Kind? Eine Auftrags- und Rollenklärung – mit allen Beteiligten – scheint angebracht zu sein. Im Zentrum der Auftrags- und Rollenklärung steht die Transparenz über die Handlungsspielräume.

> **BEISPIEL**
>
> Herr M. hat Kinderpornos konsumiert und sie im Internet getauscht. Die Staatsanwaltschaft hat ihm die Bewährungsauflage gegeben, sich in eine Psychotherapie zu begeben. Die **Bewährungshelferin** soll dies überwachen und ihn für die Therapie motivieren. Herr M. meint aber, er brauche keine Therapie, weil er nicht pädophil sei und die Straftat nur aus Neugier verübt habe. Die Bewährungshelferin hat Herrn M. bereits einen Therapieplatz organisiert und versucht, ihn zur Therapieaufnahme zu überzeugen, damit die Bewährung nicht widerrufen wird.

Wo steht Herr M. im Veränderungsprozess? Welche Motivationsförderungsintervention ist angezeigt? Im Zentrum der Motivationsarbeit steht die stufengerechte Motivationsförderung.

BEISPIEL

Frau W. leidet seit Jahren unter psychischen Problemen und einer Alkoholproblematik. In sozialen Kontakten ist sie sehr verunsichert und braucht viel Bestätigung. Sie kann nur Vertrauen finden, wenn sie positive Feedbacks und genügend Aufmerksamkeit erhält. Sie hat kürzlich einen (hauptamtlichen) **gesetzlichen Betreuer** erhalten und freut sich, dass nun „endlich jemand für sie Zeit hat". Der Betreuer macht ihr in der Auftrags- und Rollenklärung deutlich, dass er nicht dafür zuständig ist, eine quasitherapeutische Aufgabe zu übernehmen, vielmehr stehen Fragen der rechtlichen Vertretung im Vordergrund. Frau W. ist enttäuscht und nimmt wahr, dass sich ihr Betreuer gar nicht für sie interessiert und sie unwichtig ist. Sie zieht sich zurück. Sie überlegt sich, wie sie den gesetzlichen Betreuer so schnell wie möglich wieder loswerden kann.

Welche Beziehungsgestaltung hat der Betreuer gewählt? Wie könnte er den Beziehungsmotiven seiner Klientin besser gerecht werden und ihre Kooperation erreichen? Im Zentrum der Beziehungsgestaltung steht die Förderung einer partizipativen Kooperation.

Weil die Soziale Arbeit in Zwangskontexten unter eingeschränkten Handlungsspielräumen arbeitet und ein Machtungleichgewicht die Interventionen der Sozialpädagoginnen erheblich beeinflusst, ist es umso wichtiger, die ermöglichende Seite der Strukturen und die begrenzenden, konstruktiven Aspekte der Macht dafür zu nutzen, mit den Klientinnen zusammen und im Interesse ihrer autonomen Lebensführung als Fernziel eine Entwicklung anzustoßen. Die Interventionen in Zwangskontexten streben mit den drei methodischen Prinzipien des „ABC" die folgenden Entwicklungsverläufe bei den Klienten an:

a von der Unklarheit über die Rahmenbedingungen, Aufträge, Rollen, Erwartungen, Handlungsspielräume und den Kontrollverlust hin zur Situation, die Kontrolle wieder zu gewinnen, den Zwangskontext für sich als „Veränderungschance" zu nützen und zur Autonomie ermächtigt zu werden, sein Leben wieder ohne professionelle Hilfe bewältigen zu können

b von der Amotivation oder extrinsischer Motivation, fehlenden Problemeinsicht, Ambivalenz, Hoffnungslosigkeit und geringer Selbstwirksamkeitserwartung hin zu Sinnhaftigkeit, Perspektiven, bedeutsamen Veränderungszielen, Handlungsplänen, Ressourcen zur Umsetzung und erfolgreichen Veränderungen sowie der dazu notwendigen Kompetenz- und Befähigungsorientierung

c von diffusen Helfer-Klient-Interaktionen, in der professionellen Beziehung unbefriedigten Grundbedürfnissen, fehlender Beteiligung und Ohnmacht sowie Anzeichen von „Widerstand" hin zu einer kooperativen Arbeitsbeziehung, einer motivorientierten und prosozialen Beziehungsgestaltung, einem professionellen Umgang mit „Widerstand" und einem vertrauensvollen Kontakt

4 Auftrags- und Rollenklärung („A")

Der Auftrags- und Rollenklärung in Zwangskontexten wird in der Fachdiskussion eine hohe Wirkung zugeschrieben (Skeem/Manchak 2008; Trotter 2009). Sie beinhaltet zunächst – als Vorbedingung – die eigene Auseinandersetzung der Fachkraft mit dem Zwangskontext und die Integration dieser Bedingungen in das berufliche Selbstverständnis. In weiteren Schritten können die Erwartungen und Sichtweisen der verschiedenen Beteiligten geklärt werden. Wichtig ist, dass Klienten in Zwangskontexten Klarheit darüber haben, was von ihnen von den Auftrag gebenden Stellen und von den Fachkräften erwartet wird. In einem studentischen Forschungsprojekt an der Hochschule Luzern hat ein Klient mit einer gesetzlichen Betreuung die fehlende Klarheit wie folgt beschrieben: „Ich weiß bis heute nicht genau, wie das funktioniert." Und: „Mir fehlt ein bisschen die Gesamtschau."

Klärungen zwischen Helfer und Klientin: Bezogen auf den Umgang mit Klienten in Zwangskontexten bedeutet dies, dass die Fachkraft die Voraussetzungen für die Beziehung offenlegt. Je klarer das doppelte (oder mehrfache) Mandat angenommen wird, desto eher gelingt es der Fachkraft, der Klientin gegenüber eine klare Position zu vertreten – bis hin zu Entscheidungen, die sich aus Sicht des Klienten zunächst als deutlich gegen ihn gerichtet ausnehmen müssen (Kap. 3.2).

Hilfreich für die Einsicht in die Notwendigkeit der Offenlegung des doppelten Mandats der Klientin gegenüber ist auch die Erkenntnis, dass der Klient ohne derartige Anstrengungen keine Vorstellung von Sinn und Berechtigung des sozialarbeiterischen Verhaltens entwickeln kann. Wenn schon der Sozialarbeiter keine klare Vorstellung von seiner komplizierten Doppelrolle hat, wie soll dann der Klient Verständnis dafür aufbringen? Die Aufgabe in diesem Zusammenhang lässt sich deshalb auch so formulieren, dass sich die Fachkraft vor dem Hintergrund der eigenen Einsicht in ihre Doppelrolle und deren Akzeptanz bemüht, dem Klienten dabei zu helfen, seinerseits diese Situation zu verstehen (Trotter 2001). Dafür muss eine Sprache gefunden werden, die dem Klienten zugänglich ist und das Verständnis erleichtert; Beispiele für mögliche Formulierungen (Shulman 1991, 27, zitiert nach Trotter 2001, 164):

„Ich bin hier, weil wir einen Anruf erhalten haben von jemandem, der meint, Sie würden Ihr Kind vernachlässigen. Ich muss solchen Anrufen nachgehen, um zu

sehen, ob etwas Wahres an der Beschuldigung ist. Ich möchte auch sehen, ob es eine Möglichkeit gibt, Ihnen zu helfen."

„Meine Arbeit bringt es mit sich, zu kontrollieren, ob Sie die Bedingungen der gerichtlichen Anordnungen erfüllen. Es ist aber auch ein ebenso wichtiger Teil meiner Arbeit, Ihnen bei allen Problemen zu helfen, die vielleicht zu Ihrer jetzigen Situation geführt haben."

Eröffnungen wie diese verdeutlichen dem Klienten vom ersten Augenblick an, dass die Fachkraft in einem institutionellen Zwangskontext mit einem doppelten Anliegen kommt. Die Fachkraft verweist auf die Grundlage ihrer Initiative und benennt die Umstände, die sie zur Kontaktaufnahme gezwungen hat. Sie sollte damit rechnen, dass der Klient diese Kontaktaufnahme als mögliche Bedrohung erlebt und sich dem Anliegen widersetzt. Wenn dies geschieht, sollten (nochmals) Gründe für die Kontaktaufnahme und die möglichen Konsequenzen bei Verweigerung offengelegt werden (Germain / Gitterman 1999; Rooney 2009). Auch sollten die Bedingungen für die Beendigung des Kontaktes benannt werden. Es ist also die wichtigste Aufgabe, die Handlungsspielräume von Sozialarbeiterin und Klient zu benennen. Diesen eindeutigen Klärungen der Rahmenbedingungen des Zwangskontextes soll genügend Zeit eingeräumt werden, „der Verweis auf Publikationen (Merkblätter oder Handzettel) ist hier keinesfalls ausreichend" (Göckler 2012, 88).

In der Studie von Kähler (2005) haben die befragten Fachkräfte der Wichtigkeit der Auftrags- und Rollenklärung in hohem Maße zugestimmt. Allerdings beurteilen es 43 % der Fachkräfte als ausgesprochen schwierig, den Klienten einerseits die Kontrollaufgabe, andererseits das Unterstützungspotenzial zu verdeutlichen. Diese Schwierigkeiten weisen darauf hin, dass die kollektive Klärung des Selbstverständnisses der Fachkräfte in den Einrichtungen des Zwangskontextes, beispielsweise im Rahmen von Leitbildentwicklungen, Fachberatung oder Supervision, dabei helfen könnte, die konkrete Vermittlung ihres doppelten Auftrags gegenüber den Klienten zu erleichtern. Kollegiales Lernen, gegenseitiges Hospitieren im Beratungsalltag oder das jeweilige Vorstellen von eigenen „Standardformulierungen" für die Auftrags- und Rollenklärung können diese anspruchsvolle Aufgabe verbessern.

Weil institutionelle Zwangskontexte in staatlichen Strukturen oder im Auftrag von staatlichen Instanzen stattfinden, ist es zudem wichtig, die Rechtsbeziehung zwischen Klientin und Sozialpädagogin mit den jeweiligen Rechten und Pflichten, der gesetzlichen Grundlage des Kontaktes und den prozessualen Begebenheiten genau zu erläutern (Rosch 2011).

Besonders dann, wenn die Fachkräfte nicht nur beauftragt sind, zu kontrollieren, sondern in eigener Kompetenz Sanktionen aussprechen zu müssen, gehören auch die nachvollziehbare Darstellung der Sanktionskompetenzen der Fachkraft, die rechtlichen Grundlagen und ggfs. zu ergreifenden Rechtsmittel ebenfalls zur Auftrags- und Rollenklärung. Nach Göckler (2012) muss die Einschätzbarkeit der Fachkraft in der Rolle des Sanktionierenden gegeben sein. Im Falle von Sanktionen ist es besonders wichtig, dass die Fachkraft diese nicht nur rechtlich fundiert begründet, sondern auch auf die übergeordneten Rahmenbedingungen aufmerksam macht und eine Individualisierung der Sanktionierung im Sinne einer Schuldzuweisung („Frau Müller wollte halt nicht.") vermeidet (Göckler 2012, 91). Gleichzeitig „gehört es zu den großen beraterischen Herausforderungen an dieser Stelle, einerseits die rechtmäßige Entscheidung zu vertreten und verständlich zu begründen, andererseits die Auswirkungen auf die Betroffenen zu reflektieren und mit ihnen nach Hilfen und konkreter Unterstützung zu suchen" (Göckler 2012, 91 f.).

Transparenz und Rollenklarheit: In der herangezogenen Literatur wird durchgehend die Forderung erhoben, gegenüber den Klienten vollständig transparent hinsichtlich der Umstände der Kontaktaufnahme und der weiteren Konsequenzen zu sein (Rooney 2009). Der von außen vorgenommene Eingriff in die Privatsphäre bedeutet einen Einschnitt in die Autonomie, erzeugt Erscheinungsformen von Reaktanz und tangiert psychische Grundbedürfnisse. Den Klienten sollen so viele Informationen wie möglich zugänglich gemacht werden, was ihre Selbstregulation und Befriedigung des Bedürfnisses nach Orientierung und Kontrolle ermöglicht und damit vermeidende oder aversive Reaktionsweisen vermindern kann (Kap. 6).

Bei der Auftrags- und Rollenklärung sind zwei Perspektiven zu konkretisieren: Die Aktivitäten, welche die Erhöhung der Transparenz erreichen wollen, beziehen sich auf die vorhandenen Ausgangsbedingungen und den Hintergrund der Entstehung der Kontaktaufnahme in Zwangskontexten. Die Rollenklärung konzentriert sich auf die in die Zukunft gerichtete Aushandlung der gegenseitigen Erwartungen. Dabei wird einiges von dem, was bereits zur Aufhellung der Vorgeschichte der Kontaktaufnahme beigetragen hat, aufgegriffen, da es auch für die weitere Zusammenarbeit Gültigkeit hat — mit Sicherheit auch für die anhaltende Doppelrolle der Fachkraft als Helfer und Kontrolleur, auf die bereits eingegangen wurde. Vogt schlägt vor, die Kontrollaufgaben klar zu kommunizieren, und macht darauf aufmerksam, dass bei unerwünschten Ereignissen „konstruktiv konfrontiert" werden müsse. Sie weist auch darauf hin, dass konfrontative Interventionen im Kontrast zu den üblichen Vorgehensweisen stehen, welche die Zusammenarbeit, Motivation und Beratungsbeziehung fördern sollen (beispielsweise mit motivierender Gesprächsführung, MI), und hier ein Diskussion- und Entwicklungsbedarf bestehe (Vogt 2012).

Auch wenn es wichtig ist, die im Zwangskontext vorhandenen Themen direkt anzusprechen, muss die Sozialarbeiterin darauf achtgeben, nicht in die „Etikettierungsfalle" (Miller/Rollnick 2015, 64 ff.) zu geraten: Aus der Absicht heraus, dass der Klient sofort „einsichtig" wird oder ein Problem „zugibt", etikettiert die Fachkraft das Problemverhalten, was auf der Seite des Klienten dazu führt, dass er in die Abwehrposition geht. Damit soll nicht ein dysfunktionales „Um-den-Brei-herum-Reden" propagiert, sondern dafür sensibilisiert werden, dass eine zu schnelle Problematisierung und Fokussierung im Rahmen der Auftrags- und Rollenklärung durch Etikettierungen wie „Sie wurden uns zugewiesen, weil Sie Ihr Kind geschlagen haben" oder „Ich bin gebeten worden, mit Ihnen zu arbeiten, weil das Gericht ein Alkoholproblem festgestellt hat" kontraproduktiv sind. Viel wichtiger ist es, den Klienten bei der Auftrags- und Rollenklärung in offener Weise nach seinem Anliegen zu fragen und bei fehlender Problemeinsicht zunächst den Auftrag zu klären und erst in einem zweiten Schritt – behutsam – an der Problemeinsicht zu arbeiten (Kap. 5.3). Wer bereits bei der Auftrags- und Rollenklärung mit der „Türe ins Haus fällt", muss sich nicht wundern, wenn diese Vorgehensweise mit „Widerstand" der Klientschaft beantwortet wird.

Die Rollenklärung beginnt bereits bei der Kontaktaufnahme und dauert die gesamte Zeit der Zusammenarbeit an, da sich die jeweiligen Rollenanforderungen ändern. Initiator für die Rollenklärung ist die Fachkraft, der daran gelegen sein muss, dass die Klientin ihre Aufgabe in der jeweiligen Situation begreift. In Anlehnung an Rooney (2009) wird vorgeschlagen, die Erstkontakte in Zwangskontexten schrittweise vorzubereiten:

1. Informationen und Akten über den Fall studieren
2. Veränderungsstufe und Motivation antizipieren (vgl. Kapitel 5)
3. Rahmenbedingungen und nicht verhandelbare rechtliche Aspekte erkennen
4. nicht verhandelbare fachliche/institutionelle Vorgaben und Standards beachten, rechtliche Konsequenzen erkunden
5. (Verfahrens-) Rechte der Klienten und „Auswegstrategien" der Klienten identifizieren und antizipieren
6. Wahlmöglichkeiten und Verhandlungsspielräume erkennen
7. vorschnelle Vermutungen und Annahmen der Fachkraft, die hinderlich sein könnten, kritisch hinterfragen
8. Setting des Erstkontextes planen

Im Erstkontakt geht es in der Folge um die Beantwortung der Frage „Wofür sind wir hier?" (Trotter 2001, 121). Die Fachkraft verhilft also dem Klienten zu einem

Verständnis der Situation, in die er geraten ist, damit dieser den Verlauf der einsetzenden Fallarbeit und der dabei in Gang gesetzten Schritte besser nachvollziehen kann (Trotter 2001). Viele Klientinnen haben keine, nur sehr vage oder aber falsche Ansichten über die Rolle der Fachkraft. Angesichts der Doppelaufgabe der Fachkraft verwundert es nicht, dass die freundliche und akzeptierende Haltung von Klienten häufig falsch ausgelegt wird. Ohne Rollenklärung kann die Fachkraft mit einem privaten Freund gleichgesetzt werden – eine Rolleninterpretation, die spätestens dann zusammenbricht, wenn die Fachkraft scheinbar gegen den Klienten gerichtete Maßnahmen zu ergreifen gezwungen ist (Trotter 2001). Auch wenn eine Klientin klagt, die Fachkraft kümmere sich nicht ausreichend um sie, kann es hilfreich sein, darüber zu informieren, dass die Fachkraft für viele Klienten zuständig ist, weshalb die Zeit für jeden Einzelnen notgedrungen knapp bemessen ist (Trotter 2001). Insbesondere bei Menschen, die über wenige persönliche Beziehungen verfügen, ist es sinnvoll, von vornherein darauf hinzuweisen, dass es eine gemeinsame Aufgabe sein könnte, dem Klienten beim Anknüpfen neuer Kontakte zu helfen, nicht aber, dass die Fachkraft selbst dafür zur Verfügung stünde (Trotter 2001).

Zur Rollenklärung gehören weiterhin die Darlegung der Funktionen der Fachkraft in der weiteren Zusammenarbeit sowie die Klarstellung der Positionen, die die Fachkraft dabei vertritt. Dazu zählt die Offenlegung bestimmter theoretischer Hintergründe oder bestimmter methodischer Vorgehensweisen, die beispielsweise aufgrund einer Zusatzausbildung angewandt werden (Trotter 2001). Die Klärung der Fragen, ob die Fachkraft eher als Case Manager, Fallplaner oder Problemlöser agiert und wie der Klient selbst an Case Management, Fallplanung oder Problemlösungsprozessen beteiligt werden kann, trägt häufig zur Präzisierung der wechselseitigen Erwartungen bei. Ferner ist zu verdeutlichen, dass es Grenzen der Neutralität bzw. eine Parteinahme für andere Beteiligte geben kann. Dies spielt insbesondere bei der Arbeit mit Eltern von gefährdeten Kindern eine Rolle (Matter 2001). Nochmals sei an dieser Stelle darauf hingewiesen, dass eine derartige Vermittlung nur gelingen kann, wenn die Fachkraft klare Vorstellungen von ihrer Rolle hat (Trotter 2001). Dazu gehört etwa auch, die Erwartungen seitens der Organisation und des Arbeitgebers oder die geltenden Richtlinien offenzulegen (Trotter 2001).

Ein besonders schwieriges Thema ist der Umgang mit Informationen, die die Fachkraft von der Klientin direkt oder indirekt erhält. Häufig hat die Klientin bereits bei der erzwungenen Kontaktaufnahme bemerkt, dass die Fachkraft über Informationen verfügt, die sie lieber selbst kontrollieren würde. Bleibt die Frage unbeantwortet, was mit den Informationen geschieht, die die Klientin in der Zusammenarbeit mit der Fachkraft preisgibt, ruft dies mit großer Wahrscheinlichkeit subversive Störkräfte hervor. In aller Regel gilt bei Situationen in Zwangskontexten, dass keine generelle Vertraulichkeit zugesichert werden kann. Kreutz (2001, 20) spricht im Zusammenhang mit dem häufig vermissten Zeugnisverweigerungsrecht von Jugendgerichtshelfern von der Notwendigkeit, „das Schiff der Zeugenschaft zwischen der Scylla der Wahrheitspflicht und der Charybdis der therapeutischen und auf Hilfe orientierten Vertrauensbeziehung zum Jugendlichen hindurchzusteuern". Umso notwendiger ist es, zu besprechen, was mit den Informationen geschieht, welche Personen oder Instanzen Zugang zu ihnen erhalten dürfen und welche nicht (Trotter 2001). Ähnliches gilt für das Festhalten von Informationen in Akten und anderen Aufzeichnungen. Deren Inhalte sollten den Klientinnen grundsätzlich zugänglich sein. Ausnahmeregelungen sind allerdings erforderlich, wenn diese Unterlagen Informationen enthalten, die auf die Klientschaft unabsehbare negative Wirkungen haben können (Trotter 2001). Die wichtigste Grundlage für die Rollenklärung ist die Bestimmung der nicht verhandelbaren Grundlagen für das zwangsmäßig zustande gekommene Zusammentreffen (Trotter 2001; Rooney 2009). Das folgende Beispiel verdeutlicht dies:

> **BEISPIEL**
>
> In der **Bewährungshilfe** muss dem Probanden gegenüber zu einem möglichst frühen Zeitpunkt klar gemacht werden, dass Erkenntnisse über Verstöße gegen die Bewährungsauflagen den zuständigen Behörden mitgeteilt werden. Das oberste Gebot der Rollenklärung ist, Klarheit über die jeweiligen nicht verhandelbaren Ausgangsbedingungen zu schaffen. Dies liefert zugleich die Begründung für die Sanktionen, die eintreten, wenn der Klient bestimmte Auflagen und Erfordernisse nicht einhält (Trotter 2001, 164).

Sichtweisen zum Auftrag verstehen und darlegen: Zur initialen Phase von Kontakten in Zwangskontexten gehört es, zu erkunden und darzulegen, welche Sichtweisen die verschiedenen beteiligten Akteure zum Anlass des Auftrags, „dem Problem", und weiteren Anliegen haben. Diese Klärung stellt insbesondere aus der Sicht der systemisch orientierten Fallbearbeitung eine zentrale Phase der Zusammenarbeit mit Klienten dar. Die genaue Ermittlung der Aufträge bzw. Vorstellungen aller an einem Fall Beteiligten ist die Ausgangsbedingung für alle weiteren Schritte. Die möglicherweise festzustellende Unvereinbarkeit verschiedener Sichtweisen ist eine besondere Aufforderung zur Thematisierung dieser Widersprüchlichkeit (Wagner/Russinger 2002).

Für die unterschiedlichen Perspektiven der in einem Zwangskontext miteinander verbundenen Personen und Instanzen führt Conen (1999, 291 f.) ein Beispiel aus dem Bereich des Verdachts des sexuellen Missbrauchs eines Kindes an:

BEISPIEL

Für das **Gericht** besteht das Problem darin, dass der Missbraucher sich gegenüber einem Kind sexuell übergriffig verhalten hat.
Für den Missbraucher besteht das Problem jedoch darin, dass er des Missbrauchs beschuldigt wird.
Oder:
Für das **Jugendamt** besteht das Problem darin, dass die Mutter ihre Kinder vernachlässigt.
Für die Mutter besteht das Problem darin, dass das Jugendamt sie kontrolliert.

Selbst wenn bei einer ersten Begegnung zwischen Fachkraft und Klientinnen in Zwangskontexten nur zwei Personen aufeinandertreffen, sind in aller Regel weitere Personen und Institutionen im Spiel, auch wenn diese nicht anwesend sind. Einige Autoren sprechen in diesem Zusammenhang von „Triangulation", von „Trialogen" oder etwa von „Multilogen". Diese Begriffe verdeutlichen, dass die Fachkraft in einem Dialog mit einem einzelnen Klienten die Wirkkräfte der nicht anwesenden, aber Einfluss ausübenden weiteren Personen und Instanzen berücksichtigen und thematisieren sollte, um diese Triangulation aufzuheben („Detriangulation"; Conen 2013; auch Wagner/Russinger 2002; Hampe-Grosser 2003) und einen echten Dialog zu beginnen. In der Formulierung von Pleyer (1996) kommt es darauf an, Dialoge über „Trialoge" und „Multiloge" zu führen. Dies bedeutet allerdings nicht, die „signifikanten Dritten" (Conen 1999, 292) auszublenden oder zu neutralisieren. Sie sind vielmehr die Quellen für den vorhandenen Druck, dem sich sowohl Fachkräfte als auch Klienten stellen müssen, und können durchaus als willkommene Veranlasser der Kontaktentstehung betrachtet werden.

Werden diese signifikanten Dritten benannt, steht die Klientin vor einem Dilemma. Aufgrund der vielfältigen Außeneinflüsse kann sie sich nicht – ohne weitere Nachteile in Kauf zu nehmen – aus der für sie unangenehmen Situation befreien. Die Kritik und die Forderungen nach Änderungen, die von außen unabweisbar artikuliert werden, lösen häufig Rechtfertigungsversuche und Abwehr aus. Dies kann einen Machtkampf um die „richtige" Interpretation der Situation auslösen (Conen 1999). Der insbesondere von Vertretern der systemischen Schule vorgeschlagene Ausweg aus dieser Sackgasse besteht darin, dieses Dilemma der Klientin konstruktiv zu nutzen, indem am dringlichsten Interesse der Klientin angesetzt wird: Wie kann er sich so schnell wie möglich aus dieser Situation befreien? Sie schafft dies nur dann, wenn sie Mindestauflagen erfüllt. In einer Kurzformel zusammengefasst, sollte die Klientin mit der Frage konfrontiert werden: „Wie kann ich Ihnen helfen, mich wieder loszuwerden?" (Conen

1999, 292 f.; auch Pleyer 1996). Conen (1999, 294) schreibt über die Vorteile dieses Vorgehens:

„Mit der Frage ‚Wie kann ich Ihnen helfen, mich wieder loszuwerden [...]?' erfahren die Klienten, dass sie mit ihrem Anliegen – kein Problem zu haben – ernst genommen werden. Gleichzeitig konfrontiert der Therapeut den Klienten jedoch auch mit dem Arbeitsauftrag seitens der Institution der sozialen Kontrolle, die fordert, bestimmte Verhaltensweisen oder Probleme nicht auftreten zu lassen."

Schematisch werden die verschiedenen Perspektiven der Akteure häufig als „Dreieck" (Abb. 1) dargestellt (Conen 2013): Der Auftraggeber (Gericht, Einrichtung etc.) verlangt angemessenes, regelkonformes soziales Verhalten („Normalisierung"), die Klienten gefährden andere oder sich selbst und wollen (unter Umständen) keine Hilfe annehmen oder haben andere Vorstellungen, was sie benötigen. Sie haben „das Problem, dass andere bei ihnen Probleme sehen" (Conen 2013, 126).

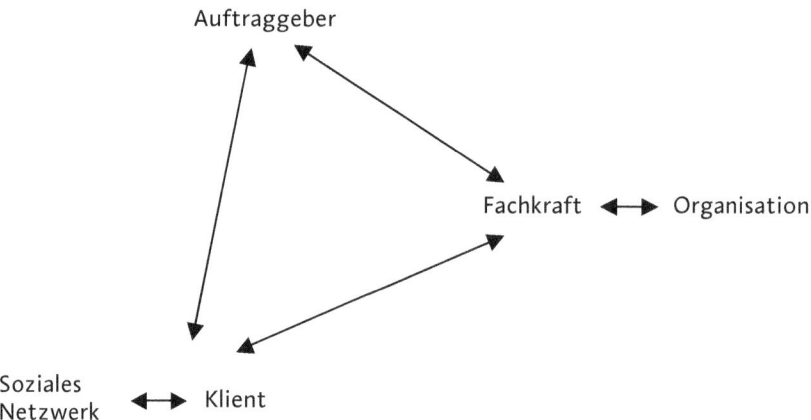

Abb. 1: Auftragsdreieck (angeregt durch Conen 2013, 125)

Der skizzierte Klärungsprozess ist nicht nur für die Sozialarbeiterin von methodischer Bedeutung, sondern hilft besonders dem Klienten, die Auftragskonstellation und die möglicherweise divergierenden Sichtweisen auf „den Fall" zu verstehen. Auch nicht anwesende „Dritte" im Netzwerk des Klienten können — symbolisch oder durch Teilnahme an den Besprechungen — nach ihren Sichtweisen befragt werden. Für verschiedene Fallsituationen wäre zu überlegen, ob der Auftrag gebende Dritte im Sinnes eines „Dreieckskontraktes" (von Schlippe/Schweitzer 2010) in die Phase der Auftrags- und Rollenklärung einbezogen werden soll. Dies bietet sich beispielsweise an, wenn das Jugendamt eine Hilfe verordnet oder vielleicht eine Suchtberatung auf Druck des Arbeitgebers hin erfolgt ist. Folgende Fragen können die Auftragsklärung unterstützen (Wagner/Russinger 2002; von Schlippe/Schweitzer 2010; Conen 2013):

- Wessen Idee ist es, dass Sie hierherkommen?
- Was veranlasst ihn/sie, anzunehmen, dass Sie hierherkommen sollen?
- Wie kann ich Ihnen helfen, dass die anderen nicht mehr denken, dass Sie …
- Was hat den Richter/Gutachter bewogen, Sie in den Maßregelvollzug einzuweisen?
- Welches Bild hat er von Ihrem Problem, dass er eine Therapie empfiehlt?
- Woran wird der Richter/Gutachter merken, dass eine Veränderung passiert ist?
- Woran würde der Richter/Gutachter merken, dass wir gar nicht an seinem Auftrag arbeiten?
- Was müsste das Jugendamt sehen, dass es von dem Gedanken ablässt, Sie würden Ihr Kind vernachlässigen?

Die verschiedenen Sichtweisen der Beteiligten leiten direkt zum Ansatz der Förderung in die Problemeinsicht über, die am Anfang der Motivationsarbeit steht (Kap. 5).

Wenn allerdings die Sozialarbeitenden selbst Sanktionen aussprechen dürfen und Anordnungen treffen (Göckler 2012), also die normalisierende Instanz sind, dann kann der „Dritte" häufig nicht personifiziert werden, und die Darstellung eines Dreckecks widerspiegelt die Situation nicht präzise, weil meistens die Handlungsspielräume der Fachkräfte ebenfalls erheblich eingeschränkt werden. Diese Konstellationen sind beispielsweise im Jugendamt denkbar oder in der staatlichen Beschäftigungsförderung und überall dort, wo Sozialarbeitende unmittelbar selbst Leistungen ausrichten und/oder mit Sanktionsmöglichkeiten ausgestattet sind. Die Rechenschaftspflicht und organisationsinterne Hierarchie kann eher auf einer Linie als in einem Dreieck symbolisiert werden (Abb. 2). Zuoberst stehen die gesetzlichen Normen, und die Trägerschaft (mit den Vorgesetzten) ist quasi die „Mittlerin" zwischen den umzusetzenden Normen und der Arbeit zwischen Sozialpädagogin und Klient.

Diese Konstellation verdeutlicht, dass die Sozialpädagogin sich aus der ihr verfügbaren Macht nicht „kommunikativ rausreden" oder auf „böse" Dritte verweisen kann, um sich selbst zu entlasten. An dieser Stelle ist vielmehr ein reflexiver Umgang mit der vorhandenen Macht, die transparente Information und vor allem auch die gute Orientierung des Klienten über seine Beschwerde-

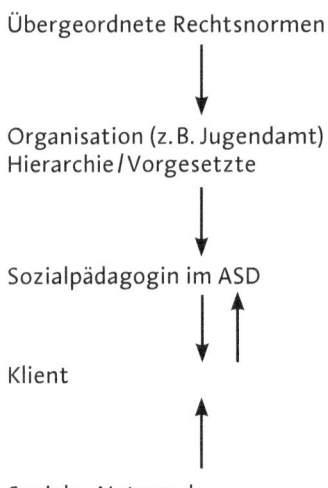

Abb. 2: Auftragskonstellation bei Sanktions-/Anordnungskompetenz der Fachkräfte

und Klagemöglichkeiten sowie das Angebot, Entscheidungen mit übergeordneten Stellen, Vorgesetzten etc. besprechen zu können, nötig. Entlastend für alle Beteiligten können zudem Zweitmeinungen, Beschwerde- und Ombudsstellen (Urban-Stahl 2012) sein. Fachkräfte in solchen Positionen sind strukturell für Machtmissbrauch besonders gefährdet.

Das Auftrags- und Rollenverständnis legt die Basis für die nachfolgenden Interaktionen. Wenn es gelingt, die Aufgaben und Rollen von Helfen und Kontrollieren hybrid zu verschränken (Skeem/Manchak 2008), kommunikativ darauf in transparenter und förderlicher Weise einzugehen (Van Nijnatten/van Elk 2015) und eine faire, bindungsorientierte, klare und widerstandsarme Beziehung zu schaffen (Menger/Donker 2013), können destruktive Interaktionsmuster in der Folge vermindert werden.

Wenn die freiwillige Beratung im Zwangskontext landet: Eine anspruchsvolle Situation, die im Zuge der Auftrags- und Rollenklärung aufgegriffen werden muss, ist die Entstehung eines Zwangskontextes im Verlaufe eines bestehenden Klientenkontaktes: Klienten, die zunächst aus eigenem Antrieb ohne Außendruck Soziale Dienste in Anspruch nehmen, können in den Status des Zwangskontextes überwechseln oder gar mit Zwangselementen konfrontiert werden. Das ist immer dann der Fall, wenn sich im Zuge einer derartigen Beratung Probleme zeigen, die von den Sozialarbeitenden als derart alarmierend eingeschätzt werden, dass diese nun von sich aus auf einer Zusammenarbeit bestehen, selbst dann, wenn der Klient sich zurückziehen möchte. Besonders in der Kinder- und Jugendhilfe entstehen Situationen, in denen Eltern wegen Erziehungsschwierigkeiten den Allgemeinen Sozialen Dienst aufsuchen und die Fachkraft feststellt, dass eine Kindeswohlgefährdung vorliegt. Diese Kontextveränderung erfordert eine sensible Auftrags- und Rollenklärung durch die Fachkraft, und es ist denkbar, dass auftretende Formen von „Widerstand" (Kap. 6.1) methodisch bearbeitet werden müssen, bevor an die Weiterführung der Beratung zu denken ist. Besonders in solchen Situationen scheint es wichtig zu sein, über die Rahmenbedingungen und Handlungsspielräume (aller Akteure!) offen zu sprechen. Dabei soll auch vermieden werden, zu stark die Kontrollrolle zu betonen, was angesichts der Vorerfahrung der Klientschaft mit der Fachkraft zu unglaubwürdigen Interaktionen führen würde. Wenn sich „plötzlich" ein Zwangskontext ergibt: Die Prinzipien der Motivationsarbeit (Kap. 5) und der Beziehungsgestaltung (Kap. 6) sind besonders relevant, um Abbrüche und Konflikte zu vermindern. Ebenfalls sollten die Fachkräfte vermeiden, zusätzlichen Druck aufzusetzen, wenn zunächst aufgrund des Kontextwechsels eine Stagnation auftritt (zum kritischen Modus des „Druckmachens": Retkowsky et al. 2011). Die Forschung hat gezeigt, dass die subjektive Wahrnehmung des Zwangskontextes bedeutsam ist (Kap. 2 und Kap. 3): Der Klärung des Auftrags (und damit ist eine erkundende, konstruktive Interaktion und nicht eine einseitige „Ansage" durch die Sozialpädagogen gemeint) soll genügend Zeit eingeräumt werden.

In der umgekehrten Situation, wenn nach Abschluss von Interventionen in Zwangskontexten eine „freiwillige Nachbetreuung" besteht, ist es im Rahmen der Auftrags- und Rollenklärung besonders bedeutsam, mit den Klienten abzusprechen, wie mit allenfalls neu auftretenden Problemen umgegangen wird, die früher zur Arbeit im Zwangskontext geführt haben (hier wären die Meldepflichten der Fachkräfte zu erläutern). Es muss deutlich gemacht werden, welche Bedingungen mit dem Abschluss des Zwangskontextes weggefallen sind und welche Prinzipien der Zusammenarbeit weiterhin Bestand haben. Angesichts des Machtungleichgewichts ist zudem der Frage nachzugehen, ob die Klienten vielleicht an einer „freiwilligen" Nachbetreuung interessiert sind, weil sie denken, dass dies für sie längerfristig von Vorteil sein könnte (beispielsweise um behördliche Eingriffe zu vermeiden). Die damit einhergehenden Erwartungen wären zu diskutieren.

5 Motivation („B")

Die Ausführungen zu selbst- und fremdinitiierten Kontaktaufnahmen (Kap. 2.1 – 2.3) sowie die Erläuterungen, wie Zwangskontexte theoretisch gefasst werden können, haben aufgezeigt, dass die individuelle Komponente, die Sinnhaftigkeit und die Motivation eine zentrale Bedeutung in institutionellen Zwangskontexten haben. Die strukturellen Rahmenbedingungen, beispielsweise die durch gesetzliche Normen eingeschränkten Handlungsspielräume, werden durch die betroffenen Akteure in ihrem Bewusstsein wahrgenommen (Kap. 2.4). Dieser individuellen Seite soll in Kap. 5 Beachtung geschenkt werden. Dies ist auch deshalb von Bedeutung, weil die Forschung zu Zwangskontexten darauf hinweist, dass die subjektive Verarbeitung, die individuelle Sinnhaftigkeit und die Veränderungsmotivation methodisch adressiert werden sollten (Kap. 3.1). Zunächst werden in Kap. 5.1 Modelle der Motivation, motivationspsychologische personale Faktoren wie Motive, Bedürfnisse und Ziele als auch situative Faktoren, d. h. positive und negative Anreize, die eine Auswirkung auf das Handeln in Zwangskontexten haben, vorgestellt. Diese situativen Faktoren werden nachfolgend als Push- und Pullfaktoren bezeichnet. Sie sind die individuell wahrgenommenen strukturellen Einflussfaktoren. Anschließend werden in Kap. 5.2 die Motivationsstufen und die daraus abgeleitete „stufengerechte Intervention" vorgestellt. Danach folgen exemplarische Motivationsförderungsinterventionen aus verschiedenen Beratungsansätzen, die sich in Zwangskontexten besonders anbieten: Problemeinsichtsförderung (Kap. 5.3), Umgang mit Ambivalenzen und „Change-Talk" (Kap. 5.4), Aushandlung von Zielen (Kap. 5.5) und Ressourcenorientierung (Kap. 5.6). Für weiterführende motivierende Interventionen ist auf die einschlägige Methode der motivierenden Gesprächsführung hinzuweisen (Miller/Rollnick 2015, Fuller/Taylor 2012), die allerdings hinsichtlich des Umgangs mit Zwangskontexten als erweiterungs- und evaluationsbedürftig gilt (Vogt 2012).

> „Motivational Interviewing [motivierende Gesprächsführung] ist ein kooperativer, zielorientierter Kommunikationsstil mit einer besonderen Aufmerksamkeit auf die Sprache der Veränderung. Es ist daraufhin konzipiert, die persönliche Motivation für und die Selbstverpflichtung auf ein spezifisches Ziel zu stärken, indem es Motive eines Menschen, sich zu ändern, in einer Atmosphäre von Akzeptanz und Mitgefühl herausarbeitet und erkundet" (Miller/Rollnick 2015, 47).

Klug/Zobrist (2016) haben ein über die motivierende Gesprächsführung hinausgehendes schulübergreifendes Manual vorgelegt, wie die Motivationsarbeit in strukturierter Form in Zwangskontexten geleistet werden könnte. Auch dort finden sich weitere Anregungen und Materialien zum wichtigen Thema Motivationsförderung.

Zweifellos ist das Thema der individuellen Motivation in der psychosozialen Arbeit von großer Bedeutung und wurde in der Sozialen Arbeit bereits 1990 als wichtig und unerforscht (Gold 1990) bezeichnet, gleichzeitig ist die Literatur dazu überschaubar, hat aber seit etwa 2006, insbesondere mit der breiten Etablierung der motivierenden Gesprächsführung (Miller/Rollnick 2015), an Bedeutung gewonnen. Die Gefahr im Zuge der Tendenz zur Individualisierung von sozialen Problemen besteht allerdings darin, das Verhalten von Klienten in Zwangskontexten, ihre Kooperation und ihre „Einsicht" ausschließlich an ihrer Motivation festzumachen oder gar Motivation als „moralische" Kategorie zu verwenden. Nur wer „motiviert" ist, ist ein „würdiger" Klient für die Soziale Arbeit. Der kritische Blick auf die strukturellen Handlungsspielräume, die Kontexte und die Machtverhältnisse zwischen Klient und Fachkraft soll dabei mithelfen, einerseits die Motivation als wichtige Kategorie methodisch zu adressieren, andererseits die Motivationsarbeit nicht als alleinigen methodischen Zugang zu sehen.

Achtung, Individualisierungsfalle!

Eine zur Optimierung der Praxis durchgeführte Studie im Frauenstrafvollzug hat ergeben, dass ein Drittel der befragten Fachkräfte das Thema Motivationsprobleme ausschließlich individuellen Ursachen zuschrieben und mangelnde Veränderungsmotivation individualisierten. Dies ist angesichts der erheblich eingeschränkten Handlungsspielräume im Strafvollzug und des enormen Machtpotenzials der Fachkräfte und ihrer Einrichtung überraschend (Zobrist 2015).

5.1 Modelle der Motivation

Die bisherigen Ausführungen haben gezeigt, welche vielfältigen Einflussfaktoren dazu führen, dass Klienten in Zwangskontexte gelangen. Dabei wird eine psychologische Komponente der Betroffenen angesprochen: ihre Motivation.

„Die Frage nach der Motivation eines Menschen ist die Frage nach den ‚Beweggründen' des Handelns: Was veranlasst eine Person dazu, etwas zu tun, Ziele zu verfolgen, Anstrengungen dafür aufzuwenden, ‚bei der Sache zu bleiben', Hindernisse zu überwinden?" (Sachse et al. 2012, 12).

Diese Frage nach den Beweggründen wird in der Motivationspsychologie nicht einheitlich beantwortet. Es sind verschiedene Entwicklungslinien und Forschungsperspektiven erkennbar, deren Ausführungen und Gegenüberstellungen jedoch den Rahmen dieses Buches sprengen würden (zum Überblick: Rudolph 2007 sowie Heckhausen/Heckhausen 2010). Jede psychologische Forschungstradition hat ihre eigenen Motivationstheorien hervorgebracht. Ihre Ansätze lassen sich u.a. dadurch unterscheiden, welchen Stellenwert sie „Bewusstsein, Emotionen und Persönlichkeitsmerkmalen zuschreiben" (Rudolph 2007, 13).

Für die Soziale Arbeit in Zwangskontexten scheint es dennoch wichtig zu sein, einige motivationspsychologische Positionen in einer kurzen Übersicht darzustellen, vor allem solche, die in der Beratung und Psychotherapie in Zwangskontexten aufgenommen worden sind:

Bedürfnistheoretische Ansätze: Diese Theorien gehen von Sollzuständen (Bedürfnissen) aus, die durch den Organismus im Rahmen seiner Selbstregulation angestrebt werden und somit Motive und Ziele erzeugen, um diese Bedürfnisse zu befriedigen. Zum einen ist hier auf die Selbstbestimmungstheorie von Deci/Ryan (1985) zu verweisen, die davon ausgeht, dass alle Menschen universelle Bedürfnisse nach Autonomie, Kompetenz und sozialer Eingebundenheit haben und ihr Verhalten sowie die Zielverfolgung dieser Bedürfnisbefriedigung dienen (zur Anwendung im Zwangskontext: Oertig 2012). Grawe (2004), auf den sich die nachfolgenden Ausführungen beziehen, hat für die Psychotherapie eine Bedürfnistheorie entwickelt, die ähnlich derjenigen von Deci und Ryan von universellen Bedürfnissen ausgeht, die im Zuge der intrapsychischen Konsistenz kontinuierlich befriedigt werden müssen. Auftretende Inkonsistenzerfahrungen in diesem Selbstregulationsprozess aktivieren motivationale Schemata (oder „Pläne", Kap. 6.4), die wiederum das Handeln determinieren. Gleichzeitig sorgt ein permanenter Innen-/Außenabgleich des Individuums dafür, dass bei Inkongruenzen zwischen Umfeld und motivationalem Schema sogleich Modifikationen vorgenommen werden. Diese Schemata sind im Gegensatz zu den Bedürfnissen, die eigentlich Sollzustände im Hirn manifestieren, nicht universell, sondern Ergebnisse von interindividuell erheblich variierenden Lern- und Sozialisationsprozessen. Sie unterscheiden sich in annähernden und vermeidenden Formen und daraus hervorgehenden Annäherungs- und Vermeidungszielen (z. B.: „Ich rufe jetzt den Bewährungshelfer an, damit ich keinen Ärger mit dem Richter kriege." [Annäherungsziel] versus „Ich lasse besser nichts von mir hören und hoffe, dass der Bewährungshelfer mich vergisst, damit ich später keinen Ärger mit dem Richter austragen muss." [Vermeidungsziel]).

Diese beiden Grundtendenzen hat bereits Epikur beschrieben: „Wir handeln, um uns Lust zu bereiten und Schmerz zu vermeiden" (Rudolph 2007, 1). Grawe weist darauf hin, dass Vermeidungsschemata erhebliche Energien absorbieren, ohne Erfolge zu bewirken. Somit muss die Fachkraft den Klienten dabei begleiten, seine Vermeidungsziele in Annäherungsziele zu transformieren. Dies ist in Zwangskontexten von besonderer Wichtigkeit, weil die „zuweisenden" Akteure (z. B. Ehefrau, Richter etc.) von den Klienten Vermeidungsziele erwarten (beispielsweise „weniger Drogen konsumieren", „die Kinder nicht mehr schlagen", „keine Einbrüche verüben" etc.), hingegen der eigentliche Veränderungsprozess beim Klienten aber durch annähernde Zielvorstellungen (beispielsweise „konstruktive Problembewältigung und Gesundheitsverhalten", „hilfreiche Konfliktstrategien in der Erziehung" oder „legale Erwerbsmöglichkeiten finden" etc.) in Gang gesetzt werden sollte. Als „Grundantreiber" in Grawes Bedürfnistheorie werden vier psychische Grundbedürfnisse postuliert:

- das Bedürfnis nach Orientierung und Kontrolle
- das Bedürfnis nach Selbstwertschutz und Selbstwerterhöhung
- das Bedürfnis nach Bindung
- das Bedürfnis nach Luststreben respektive Unlustvermeidung

Diese Bedürfnisse stehen nicht in einem hierarchischen Verhältnis zueinander, sondern einzelne miteinander hierarchisch verbundene motivationale Schemata können zur Befriedigung verschiedener Bedürfnisse funktional werden.

> **Herr T.** betont im Gespräch mit seinem Bewährungshelfer, dass er früher mehrere Firmen erfolgreich geleitet habe, und fragt den Sozialarbeiter kritisch, ob er denn überhaupt ein Studium abgeschlossen hätte und ob er nicht gleich mit dem Dienststellenleiter sprechen dürfe.

Dieses Verhalten des Klienten könnte von mehreren motivationalen Schemata ausgelöst worden sein: „Zeig, dass du kompetent bist", „Stell die Kompetenzen des Sozialarbeiters infrage", „Mach klar, dass du nur mit dem Chef reden willst". Diese Schemata können sowohl für die Befriedigung des Bedürfnisses nach Selbstwertschutz und -erhöhung funktional sein als auch der Befriedigung des Kontrollbedürfnisses dienen.

Aus dieser oben skizzierten Position von Grawe (2004) darf somit für die Beratung abgeleitet werden, dass diese Grundformen der Selbstregulation beachtet werden sollten und es wahrscheinlich wird, dass die Klienten ihre Ziele dann verfolgen, wenn diese für ihre Bedürfnisbefriedigung funktional sind. Zusätzlich hat dieses bedürfnistheoretische Konstrukt eine unmittelbare methodische Auswirkung auf die Beziehungsgestaltung, die in Form einer „motivorientierten Beziehungsgestaltung" umgesetzt werden kann (Caspar/Belz 2012, weitere Ausführungen in Kap. 6.4).

Motive, Ziele und Selbstwirksamkeit: Obwohl „Motive" (z.B. Leistung, Macht, Anschluss) den Menschen kognitiv nicht zugänglich sind, steuern sie doch emotional die „Stoßrichtung" und Bewertung einzelner Ziele eines Menschen (Sachse et al. 2012). Es hat sich herausgestellt, dass die Relevanz der Ziele mit ihrer Entsprechung zu den Motiven zusammenhängt. Je mehr diese Übereinstimmung erreicht werden kann, desto höher ist die Handlungstendenz (Sachse et al. 2012). Dabei geht es nicht nur darum, dass der Wert eines Ziels besonders hoch sein muss (Erwartungs-mal-Wert-Theorien der Motivation; Rudolph 2007), sondern dass auch die Realisierbarkeit eines Ziels wichtig ist. Dies wiederum ist abhängig von der Selbstwirksamkeitserwartung (Bandura 1997), d.h. der subjektiven Vorstellung, ob ich ein Ziel aus eigener Kraft erreichen kann. Diese Selbstwirksamkeitserwartung ist geprägt durch frühere Lernerfahrungen und kann reduziert sein, wenn in der Vorgeschichte häufiger Misserfolge eingetreten sind. Der Ansatz der motivierenden Gesprächsführung (Miller/Rollnick, 2015) fokussiert deshalb u.a. auf den Aufbau von Zuversicht und Hoffnung beim Klienten, sodass eine Veränderung wahrscheinlich wird.

Kontakt- versus Veränderungsmotivation: Eine weitere Unterscheidung der Motivation bietet sich in der Differenzierung zwischen der Kontaktmotivation und der Veränderungsmotivation (für die Psychotherapie Sachse et al. 2012) an. Zur Illustration zwei Beispiele aus der Praxis:

> **BEISPIEL**
>
> **Kontaktmotivation:** Frau H. ist sehr motiviert, die Fachkraft des Jugendamtes für regelmäßige Termine aufzusuchen. Frau H. lebt mit ihrem Sohn sozial isoliert und ist froh, dass die Fachkraft ihr geduldig zuhört, ihr positiv zuspricht und sie ermutigt, weiterhin an den Erziehungsthemen mit ihrem Sohn zu arbeiten. Allerdings hat Frau H. festgestellt, dass sie die von der Fachkraft initiierten Veränderungen im Kontext einer „Hilfe zur Erziehung" gar nicht möchte: Es fällt ihr schwer, mit ihrem Sohn Regeln auszuhandeln und den Tagesablauf zu

strukturieren, ebenfalls kann sie sich im Moment nicht entschließen, ihren Medikamentenkonsum zu reduzieren oder hierfür professionelle Hilfe anzunehmen. Außerdem möchte sie zu der von der Fachkraft thematisierten Konfliktsituation mit dem Kindsvater „lieber nichts wissen" und in Ruhe gelassen werden.

Veränderungsmotivation: Herr S. muss als Bewährungsauflage ein Anti-Gewalt-Training besuchen, weil er häusliche Gewalt ausgeübt hat. Er hat in den Gesprächen mit seiner Frau herausgefunden, dass er seine gewalttätigen Reaktionen in den ehelichen Konflikten verändern möchte, weil er weiß, dass seine Frau sich von ihm trennen wird, falls er sie nochmals schlagen würde. Diese Trennung möchte er unbedingt verhindern, weil ihm die Beziehung wichtig ist. Er merkt auch, dass er sich für seine Gewalttaten schämt. Herr S. besucht mit Interesse die Gruppensitzungen beim Gewalttrainer. Weshalb er allerdings auch noch regelmäßig beim Bewährungshelfer vorbeischauen soll, kann er nicht nachvollziehen.

Diese Praxisbeispiele zeigen einerseits, dass die Kontaktmotivation allein noch nicht ausreicht, eine Veränderung anzugehen, und andererseits es auch Klienten gibt, die zwar veränderungsmotiviert sind, jedoch keine Kontaktmotivation für eine Beratung in (weiteren) Zwangskontexten zeigen. Frau H. ist zwar kontaktmotiviert und kann offenbar durch die Beratungsbeziehung mit der Fachkraft vom Jugendamt für sie wichtige Ziele erreichen (soziale Kontakte pflegen, Anerkennung erhalten, Zuwendung erleben etc.). Die eigentlichen Problemstellungen, welche die verpflichtende Beratung im Jugendamt auslösten, will Frau H. im Moment nicht angehen. Demgegenüber ist Herr S. im Arbeitsbündnis mit dem Gewaltberater kontakt- und veränderungsmotiviert, er möchte sein Gewaltproblem anpacken. Allerdings zeigt er beim Bewährungshelfer (noch) keine Kontaktmotivation, weil er für diese Beziehung kein sinnvolles Ziel finden und keinen Nutzen erkennen kann. Somit ist es anzeigt, bei Klienten, die den fremdinitiierten Kontakt wahrgenommen haben, nicht automatisch von einer Veränderungsmotivation auszugehen.

Rubikon-Modell: Die Verbindung von personalen und situativen Faktoren der Motivation — getreu der klassischen Formel von Kurt Lewin, wonach das Verhalten als Produkt von Person mal Situation verstanden werden kann — legt nahe, dass Motivation und Handeln miteinander agieren und somit eine weitere dynamische Perspektive eingeführt werden kann: die Veränderung der Motivation im Handlungsverlauf (Heckhausen/Heckhausen 2010). Die Entstehung und Wirkung von Motivation, die Entscheidung für eine Veränderung, die Willensbildung und die Planung und Umsetzung des Handelns können als Prozess verstanden werden, der beispielsweise durch das in der Beratung und Psychotherapie verbreitete Rubikon-Modell beschrieben wird. Dieses Modell unterscheidet die verschiedenen Elemente der Motivation in den unterschiedlichen Phasen des Motivierens, Entscheidens und Handelns. In der vereinfachten Darstellung nach Sachse et al. (2012) werden die folgenden Phasen differenziert:

Die erste Phase wird bezeichnet als Motivationsphase, die durch eine Unentschlossenheit und durch das Suchen nach Zielen gekennzeichnet ist.

Die zweite Phase, die Entscheidungsphase, zieht die Metapher der Rubikonüberschreitung durch die Truppen Julius Cäsars (ca. 50 v. Chr.) herbei und geht davon aus, dass sich eine Person nach der Entscheidung an ein Ziel bindet („Der Würfel ist gefallen") und danach die Aufmerksamkeit ausschließlich auf die Umsetzung fokussiert. In der vorangehenden Motivationsphase war noch eine breite und suchende Aufmerksamkeit zu beobachten.

In der dritten Phase, der Umsetzungsphase, geschieht die Umsetzung des Ziels, die Bildung von Willen, die Planung und Umsetzung. Das Rubikon-Modell eignet sich ebenfalls dazu, eine diagnostische Einschätzung – nicht nur in Zwangskontexten – vorzunehmen, wie dies Heiner (2013) vorgeschlagen hat.

Anreize und Push-/Pullfaktoren: Nicht nur personale Faktoren wie Bedürfnisse, Motive oder Ziele haben eine motivierende Funktion, sondern auch die situativen Faktoren können Veränderungen auslösen und anstoßen. Es handelt sich um positive und negative Anreize, die vor einer Handlung einen Druck (Push) oder Zug (Pull) erzeugen können und einen Aufforderungscharakter haben (Heckhausen/Heckhausen 2010).

„Dabei können Anreize an die Handlungstätigkeit selbst, das Handlungsergebnis und verschiedene Arten von Handlungsergebnisfolgen geknüpft sein" (Heckhausen/ Heckhausen 2010, 5).

Die Anreize unterliegen einer subjektiven Bewertung. Über die Wirksamkeit der objektiv gegebenen Push- und Pullfaktoren entscheiden folglich erst die Wahrnehmungen und Interpretationen der Personen, auf die sie wirken sollen. Insofern ist damit zu rechnen, dass sich manche gut gemeinte Anreize teilweise sogar als kontraproduktiv erweisen können:

> **BEISPIEL**
>
> Frau R. befindet sich im **Frauenstrafvollzug**. Ihr wird die Versetzung in eine Freigängereinrichtung als Belohnung für ihr gutes Vollzugsverhalten in Aussicht gestellt. Für die Klientin ist das keine Belohnung, sondern löst eher Angst aus: Sie ist sich unsicher, ob sie genügend stabil ist, um ihr Suchtmittelproblem in diesem offenen Rahmen zu bewältigen. Ihre Mitgefangene, Frau S., verweigert seit einigen Tagen die Arbeit im Vollzug. Sie wird mit einer Arreststrafe sanktioniert. Dies stört Frau S. überhaupt nicht, weil sie dann endlich Ruhe hat und sich nicht mit den Konflikten in der Vollzugsgruppe auseinandersetzen muss.

Die bloße Existenz der Anreize sagt noch wenig über die tatsächliche Wirkung aus. Rooney (1992) führt dazu das Beispiel von Eltern an, die sich gegen die Fremdplatzierung ihres Kindes erfolglos zur Wehr setzten, sich dann aber an die erzwungene Befreiung von der elterlichen Sorge gewöhnten, diesen gewonnenen Freiraum zunehmend wertschätzten und dadurch eine nur geringe Motivation entwickelten, ihr Kind zurückzubekommen. Das, was objektiv zunächst als Pushfaktor wirken sollte, um die Eltern zur Zusammenarbeit zu zwingen, verpuffte zunehmend und kehrte sich ins Gegenteil um.

Eine weitere Verbindung besteht zwischen den Anreizen und den lerntheoretischen Ansätzen der Motivation, besonders der sozialkognitiven Lerntheorie von Bandura (1997). Unter dieser Perspektive ist davon auszugehen, dass die subjektive Bedeutung der Anreize durch frühere Lernerfahrungen bedingt ist. Diese Lernerfahrungen in Form von Kosten und Nutzen einer Handlung können durch die Handlung selbst, die personale Bewertung einer Handlung und auch die soziale Reaktion entstehen. Dementsprechend unterliegt die internale Verarbeitung von Push- und Pullfaktoren früheren Lernprozessen. Es erscheint sinnvoll, die Einflussmöglichkeiten nach negativen und positiven Anreizen (Push-/Pullfaktoren) sowie nach ihrer Grundlage und Herkunft zu differenzieren. In Tabelle 2 werden diese Möglichkeiten im schematischen Überblick wiedergegeben.

Tab. 2: Pull- und Pushfaktoren nach Herkunft der Anreize

	Herkunft der Anreize	
	Netzwerkangehörige	Rechtliche Vorgaben
Pushfaktoren	z. B. Drohung mit Trennung	z. B. Kürzung des Arbeitslosengeldes
Pullfaktoren	z. B. Aussicht auf weniger Konflikte	z. B. Aussicht auf Vermittlung eines Arbeitsplatzes

In einer Erkundungsstudie (Kähler 2005) wurden die 91 Befragten aus Einrichtungen mit fremdinitiierten Kontakten, d. h. aus Zwangskontexten und Fremdinitiative aus dem sozialen Netzwerk, dem „Quasi-Zwang" (Schwabe 2008, 34), gebeten, die aus ihrer Sicht besonders wirksamen Push- und Pullfaktoren anzugeben. Insgesamt konnten 599 Faktoren in verschiedene Kategorien gefasst werden, die beispielhaft, nach Kategorien sortiert, in Tabelle 3 vorgestellt werden (für detaillierte Ergebnisse: Kähler 2005).

Tab. 3: Beispiele für Push- und Pullfaktoren der Klienten aus Sicht der Fachkräfte

Kategorien	Pushfaktoren	Pullfaktoren
Persönliche Ziele (n=62 Nennungen)	(n=0 Faktoren)	– Hoffnung auf Entlastung – Gewinnung der Fachkraft als Bündnispartner – verschiedene Ziele und Hoffnungen wie verbesserte Lebensqualität, Erleichterungen im Alltag etc. (n=62 Nennungen)
Partnerschaft (n=42 Nennungen)	– Angst vor Trennung/Scheidung – Verlust der Partnerschaft – aggressive Handlungen des Partners (n=29 Nennungen)	– Hoffnung auf Erhalt oder Verbesserung der Beziehung (n=13 Nennungen)
Kinder und andere Netzwerkangehörige (n=150 Nennungen)	– Außenwahrnehmung und Negativimage – angedrohte/realisierte Beziehungsabbrüche – drohender Kontakt zum Jugendamt – Fremdunterbringung (n=98 Nennungen)	– Vermittlung/Unterstützung in familiären Angelegenheiten – Verbesserungen sozialer Beziehungen und sozialer Integration (n=52 Nennungen)
Schule/Kindergarten (n=44 Nennungen)	– Druck/Kritik der Schule bzw. Kindergarten – drohender Ausschluss (n=38 Nennungen)	– Schulintegration oder -abschluss schaffen (n=6 Nennungen)
Gesundheit (n=45 Nennungen)	– fragiler Gesundheitszustand – Selbst- und Fremdgefährdung – drohende Hospitalisierung (n=31 Nennungen)	– Aussicht auf Verbesserung der gesundheitlichen Situation (n=14 Nennungen)

Kategorien	Pushfaktoren	Pullfaktoren
Materielle und finanzielle Versorgung (n=75 Nennungen)	– Leistungsverweigerung, Kürzungen oder deren Androhung (n=30 Nennungen)	– Hoffnung auf finanzielle Unterstützung – Realisierung von Leistungsansprüchen (n=45 Nennungen)
Wohnen (n=53 Nennungen)	– Verlust des Wohnplatzes/betreutes Wohnen oder Androhung (n=27 Nennungen)	– Hilfe bei der Suche nach Wohnraum – Unterstützung bei Wohnfragen (n=26 Nennungen)
Arbeit (n=36 Nennungen)	– drohende oder eingetroffene Arbeitslosigkeit (n=14 Nennungen)	– Erhalt/Wiedereintritt oder Qualifizierung (n=22 Nennungen)
Gerichtliche oder behördliche Maßnahmen (n=82 Nennungen)	– drohender Widerruf von Bewährungsauflagen – drohende Unterbringung (n=49 Nennungen)	– Unterstützung und Fürsprache im Kontakt mit Ämtern, Behörden und Gerichten (n=33 Nennungen)

Innerhalb dieser Bereiche wurde zwischen den Push- und Pullfaktoren unterschieden. Dabei gab es naturgemäß viele inhaltliche Überschneidungen: Was als Pullfaktor ein positives Vorzeichen hat, taucht als Pushfaktor mit negativem Vorzeichen auf. Dies führt nochmals vor Augen, dass nicht die „objektive" Sichtweise (respektive die Absicht des Push- oder Pullfaktors) handlungswirksam wird, sondern die subjektive Bewertung durch die Klienten! Die Push- und Pullfaktoren sind damit in Zwangskontexten stets individuell zu erkunden.

Die Ergebnisse zeigen, dass Push- und Pullfaktoren im Zusammenhang mit Kindern und sozialen Netzwerkangehörigen im Rahmen der erkundeten Einrichtungen eine wichtige Bedeutung haben. Ebenfalls lässt sich vermuten, dass die negativen Anreize in Zwangskontexten – aus Sicht der befragten Fachleute – überwiegen und gleichzeitig positive Anreize ausgemacht werden. Allerdings ist festzuhalten, dass eine Mehrheit der Push-/Pullfaktoren im Vermeidungsmodus genannt werden, was motivational eher ungünstig erscheint, sofern es im Rahmen der Beratung nicht gelingt, diese Faktoren als Annäherungsziele zu formulieren (Kap. 5.1). Die Arbeit mit den Push- und Pullfaktoren der Klienten ist – neben der Arbeit an den Bedürfnissen, Motiven und Zielen – eine wichtige motivationsfördernde Interventionsmöglichkeit (Beispiele für Nutzung von Push-/Pullfaktoren in der Elternarbeit: Behnisch 2014).

Die bisherigen Ausführungen zeigen deutlich, dass das Handeln der Klientinnen in Zwangskontexten und die Bereitschaft, ihr Verhalten oder ihre Lebensführung zu verändern, in hohem Maß von ihrer jeweiligen Motivation, d. h.

ihrer Bedürfnisregulation, ihren Motiven und Zielen sowie den vorhandenen Push- und Pullfaktoren (und ihrer Lerngeschichte) abhängig sind. Im Zuge der Beratungsarbeit in Zwangskontexten ist es somit eine vordringliche Aufgabe, mit den Klientinnen an ihrer Veränderungsmotivation zu arbeiten. Zur Einschätzung ihrer spezifischen Motivation ist es hilfreich, nicht grundsätzlich von „unmotivierten" Klienten auszugehen, sondern anzunehmen, dass Menschen stets zu etwas in ihrem Leben motiviert sind, möglicherweise aber diese Motivationen nicht mit sozialen Normen übereinstimmen und/oder dysfunktional sind. Die Frage stellt sich deshalb eher, wozu die Klienten in Zwangskontexten aktuell motiviert sind, woraufhin sie sich durch die Fachkraft oder andere Akteure im sozialen Netzwerk motivieren lassen und wie das methodisch geschehen kann (Klug 2012; Zobrist 2010,2012a; Klug/Zobrist 2016).

5.2 Transtheoretisches Modell der Veränderung und stufengerechte Intervention

Die vorgestellten Modelle der Motivation können durch ein Veränderungsmodell ergänzt werden, welches für den Umgang mit Klienten in Zwangskontexten als hilfreiche Heuristik dienen kann und sich geradezu als Standard zum Thema Motivation und Veränderung im Bereich der Beratung etabliert hat. Es versucht, therapieschulübergreifend die Kernelemente von Veränderungsprozessen und die damit einhergehenden Motivationsstadien zu fassen. Dieses transtheoretische Modell der Veränderung, welches in den 1980er-Jahren von Prochaska und DiClemente empirisch erarbeitet und später weiterentwickelt wurde, unterscheidet sechs Stufen der Veränderung (Prochaska/Norcross 2008; Warschburger 2009; durch die Verbreitung und Weiterentwicklung des Modells sind verschiedene Bezeichnungen [und Übersetzungen] für die Stufen [„Stadien", „Phasen"] im Umlauf):

Absichtslosigkeit (Sorglosigkeit/Vorüberlegung): Der Klient nimmt kein Problem wahr und hat keine Absicht, sich zu verändern.

Absichtsbildung (Bewusstwerden/Überlegen): Der Klient nimmt zwar ein Problem wahr, erlebt sich aber in einer Ambivalenz und überlegt die Veränderung. „Ernsthafte Problemlöseabsichten sind das zentrale Kennzeichen der Überlegungsphase" (Prochaska/Norcross 2008, 595).

Vorbereitung: Es können erste Schritte beobachtet und das problematische Verhalten kann möglicherweise bereits in Ansätzen reduziert werden. In dieser Phase wird ein Entschluss gefasst (Anmerkung: Die Person geht „über den Rubikon", vgl. oben) und es liegen konkrete Pläne vor, wie sich etwas verändern soll.

Handlung: Das Problemverhalten hat sich nun signifikant verändert und im Gegensatz zu den vorangehenden Stufen können hier konkrete neue Verhaltensweisen direkt von Außenstehenden beobachtet werden: „[...] bedeutsame, sichtbare Veränderungsanstrengungen sind Kennzeichen für die Handlungsphase" (Prochaska/Norcross 2008, 596).

Aufrechterhaltung: Das neue Verhalten wird in dieser Stufe seit sechs Monaten beibehalten. Die Person setzt ihre Energie aber noch dafür ein, ihre Verhaltensänderung zu stabilisieren und einen Rückfall zu vermeiden.

Stabilisierung/Beendigung: Sobald der Klient nicht mehr damit beschäftigt ist, einen Rückfall zu vermeiden, hat sich das neue Verhalten stabilisiert und der Veränderungsprozess kann beendet werden.

In diesem Modell verlaufen die Veränderungen nicht linear, sondern spiralförmig, und die „Rückfälle" in alte Verhaltensmuster müssen nicht dazu führen, dass eine Person stets bei der Absichtslosigkeit beginnt (Warschburger 2009). Das Veränderungsmodell impliziert, dass Veränderungsprozesse mit bestimmten Motivationszuständen verknüpft sind. Das bedeutet, dass einerseits nicht davon ausgegangen werden kann, dass Klientinnen „motiviert" oder „unmotiviert" sind, sondern sich die Motivation auf konkrete Themen, Probleme und mögliche Veränderungen bezieht. Andererseits konstruiert das transtheoretische Modell der Veränderung die Vorstellung, dass Motivationsstufen die jeweiligen Veränderungsschritte initiieren. Die wichtigste Folgerung aus dem Modell ist, dass die Fachkräfte ihre Interventionen den jeweiligen Veränderungsstufen anpassen (Prochaska/Norcross 2008; Fuller/Taylor 2012). Das heißt, die Sozialpädagogen passen ihre Vorgehensweise der jeweiligen Motivationsstufe der Klientinnen an. Dieses Prinzip ist in allen psychosozialen Feldern wichtig, aber in Zwangskontexten von großer Bedeutung, weil bedingt durch die Rahmenbedingungen eine fehlindizierte Intervention rasch zu „Widerstand", Kontaktabbrüchen oder Konflikten führen kann. Das Prinzip der stufengerechten Intervention bildet die Grundlage eines darauf aufbauenden manualisierten Motivationsförderungsansatzes für Zwangskontexte (Klug/Zobrist 2016).

Obwohl sich das Modell in Beratung und Psychotherapie großer Popularität erfreut, wurde empirisch fundierte Kritik zur Validität der Stufen formuliert (Vogt 2012 und Schaub et al. 2010). Dennoch scheint sich das Modell als praktische Leitlinie für den beraterischen Umgang mit unterschiedlichen Motivationsstufen zu bewähren und ist hinsichtlich der methodischen Folgerung gerade für ein dynamisches Verständnis von Motivation in Zwangskontexten plausibel (Rooney 2009).

Befindet sich der Klient in den ersten Stufen der Veränderung, d. h. in den Stufen der Absichtslosigkeit, der Absichtsbildung und der Entscheidung/Vorbereitung, so bieten sich klärungsorientierte Ansätze an. Sie beinhalten zusammengefasst Interventionen, die Orientierungen und Informationen vermitteln, die Problemeinsicht fördern, Ambivalenzen klären, Ziele entwickeln und konkrete Veränderungshandlungen planen. Sobald sich Klienten in die Umsetzung ihrer Ziele und Pläne begeben, sind handlungsorientierte Ansätze angezeigt. Damit wird versucht, die konkreten Umsetzungen zu unterstützen, Prozesse der Selbstverstärkung und der Verstärkung durch soziale Netzwerkwerke zu fördern, Ressourcen zu aktivieren und Bewältigungsstrategien gegen den „Rückfall" in alte Verhaltensmuster zu antizipieren (Warschburger 2009; Fuller/Taylor 2012). Tabelle 4 soll diese Zuordnungen verdeutlichen.

Tab. 4: Charakterisierung der Veränderungsstufen und ihre Interventionen (in Anlehnung an Warschburger 2009, 89; Fuller/Taylor 2012, 89 ff.; Zobrist 2010, 434; modifiziert)

Motivations-/Veränderungsstufe	methodische Ansätze
klärungsorientierte Ansätze	
Absichtslosigkeit Der Klient nimmt kein Problem wahr und erwägt keine Veränderung	Auftrags- und Rollenklärung (Kap. 4) Problemeinsichtsförderung (Kap. 5.3)
Absichtsbildung Die Veränderung wird erwogen, Ambivalenzen und Selbstzweifel prägen die Situation	Ambivalenzenklärung (Kap. 5.4) Zielklärung (Kap. 5.5)
Entscheidung/Vorbereitung Der „Rubikon" ist überschritten (Kap. 3); die Veränderungen werden geplant	Ressourcenaktivierung (Kap. 5.6)
handlungsorientierte Ansätze	
Handlung Die Veränderung wird umgesetzt	Umsetzung unterstützen und Aufrechterhaltung sicherstellen (Klug/Zobrist 2016)
Aufrechterhaltung/Stabilisierung Die Veränderungen müssen sich im Alltag bewähren und sich als neue Handlungsroutinen stabilisieren	Bewältigung eines „Rückfalls" antizipieren (Klug/Zobrist 2016)

Das Prinzip der stufengerechten Intervention soll verhindern, dass unter den Bedingungen des Zwangskontextes vorschnell handlungsorientierte Interventionen begonnen werden, welche dazu führen können, dass Klienten, die möglicherweise über keine Problemeinsicht verfügen, nicht ernst genommen werden. Sie erleben sich durch die Fachkraft in ihrer Autonomie eingeschränkt, und sie zeigen möglicherweise „Widerstandsverhalten" (Kap. 6). Eine explorative Studie in einer Frauenstrafvollzugseinrichtung zur Anwendung des Prinzips der stufengerechten Intervention hat gezeigt, dass in den Stufen der Absichtslosigkeit und Absichtsbildung ungefähr ein Drittel der Fachkräfte auf veränderungsorientierte Motivationsförderungsinterventionen setzte, obwohl eher klärungsorientierte Vorgehensweisen indiziert gewesen wären. In den nachfolgenden Stufen Vorbereitung, Handlung und Aufrechterhaltung gelang das Prinzip der stufengerechten Intervention besser (Zobrist 2015).

BEISPIEL

J. erhielt vom Jugendrichter die Auflage, sich bei einer **Drogenberatungsstelle** zu melden, damit er lernt, den Cannabiskonsum zu reduzieren. Die Fachkraft in der Drogenberatungsstelle interveniert stufengerecht im Sinne des transtheoretischen Modells, wenn sie zunächst der Auftrags- und Rollenklärung genügend Zeit einräumt, damit J. verstehen kann, welche Erwartungen, Rollen und mögliche Sanktionen diese Kontaktaufnahme konstituiert haben. Sie wird darauf hinarbeiten, für J. die vollständige Transparenz der verschiedenen Einflüsse in der unfreiwilligen Situation herzustellen, und mit ihm die allfälligen Konsequenzen und Veränderungschancen besprechen. Die Fachkraft wird dabei versuchen, mit J. in dieser Auftragskonstellation des Zwangskontextes eine Arbeitsbeziehung aufzubauen. J. gibt im Erstgespräch zu verstehen, dass er seinen Drogenkonsum nicht als problematisch einstuft. Der Richter und sein Stiefvater würden dies „dramatisieren". Zudem sei das „ganz dumm gelaufen", als die Polizeistreife ihn und seine Freunde im Park kontrolliert hätten. Die Polizei würde alle Jugendliche schikanieren. Eigentlich habe er kein Drogenproblem, aber Schwierigkeiten mit seinem Stiefvater. Die Fachkraft wählt nun eine weitere klärungsorientierte Strategie, welche der aktuellen Motivationsstufe von J. entspricht (hier vermutlich die Stufe der Absichtslosigkeit), und wird versuchen, bei J. ein funktionales Problemverständnis im Kontext des Auftrags des Richters und des informellen Drucks des Stiefvaters zu erarbeiten, bevor weitere konkrete Ziele entwickelt und vereinbart werden können. Die Fachkraft wird besonders darauf achten, die vorhandene Absichtslosigkeit nicht durch Vorwürfe, Ratschläge oder den Anspruch, die Situation „richtig" zu verstehen, weiter zu blockieren, sondern einerseits klar und offen, andererseits entdeckend-fragend dem Jugendlichen gegenübertreten. Sie setzt vorwiegend Techniken ein, welche die subjektiven (!) Vor- und Nachteile des Cannabiskonsums gegenüberstellen (Kap. 5.4). Im zweiten Gespräch berichtet J. von Streitigkeiten mit seinem Stiefvater und seiner aktuellen Bewältigungsstrategie, den Frust und Ärger mit einem Joint zu „beruhigen". Er könnte sonst nicht einschlafen. J. meint, dass er mit Cannabis „toll entspannen" könne, allerdings merke er, dass er seit einigen Wochen eine immer höhere Dosis dafür brauche und dies „nicht so spaßig sei". Ebenfalls habe er festgestellt, dass er immer weniger Lust auf die Schule habe. Dies würde ihn belasten. Die Fachkraft wird weiter an der Problemeinsicht von J. arbeiten und ihm dabei helfen, die nächste Veränderungsstufe (Absichtsbildung) zu erreichen. Dabei kann sie einerseits auf den problematischen Bewältigungsaspekt eingehen (Cannabiskonsum), andererseits weiter versuchen, die systemische Perspektive (Konflikte mit Stiefvater) zu sondieren und für den Klienten (und sie selbst) verstehbar zu machen.

Prochaska/Norcross (2008) haben verschiedene Leitsätze zur stufengerechten Intervention vorgeschlagen, die von uns auf die Bedingungen Sozialer Arbeit in Zwangskontexten zugeschnitten worden sind:

Leitsätze zur stufengerechten Intervention

1. Stelle die Veränderungsstufe des Klienten fest.
Die Äußerungen und Handlungen des Klienten werden zunächst analysiert und versuchsweise einer Veränderungsstufe zugeordnet. Erst danach erfolgt die Intervention. Dabei ist es wichtig, darauf zu achten, dass die Veränderungsstufen zu verschiedenen Themen oder Problemstellungen variieren können. Menschen sind nicht generell „absichtslos" (im Sinne des Modells), sondern vielleicht nur absichtslos bezogen auf den Umstand, mit den Kindern eine neue Erziehungsstrategie einzuschlagen, aber hinsichtlich der Termine beim Schuldenberater bereits in der Handlungsstufe. Somit gilt die jeweilige stufengerechte Intervention nur für eine einzelne Thematik.

2. Vermeide es, Klienten so zu behandeln, als wären sie bereits in der Handlungsphase.
Die Fachkräfte sollen sich bewusst vor zu rascher Handlungsorientierung distanzieren. Es gilt der Grundsatz „Klärung vor Veränderung",

der verhindert, dass ein Sozialarbeiter beispielsweise nach dem ersten Gespräch bereits einen Entzugsplatz in der Klinik organisiert, sich der Klient zur Frage des Alkoholentzuges aber noch ambivalent verhält und den Nutzen dieser Hilfe in Frage stellt. Der in Zwangskontexten teilweise herrschende Zeitdruck kann ebenfalls dazu beitragen, dass der Klärungsphase zu wenig Beachtung geschenkt wird.

3. Setze (für dich selber) realistische Ziele.
Es ist davon auszugehen, dass sich in Zwangskontexten viele Klienten befinden, die bereits gescheiterte Problemlösungsprozesse hinter sich haben und/oder sich in chronischen problematischen Lebenssituationen befinden. Gerade bei den durch die Fachkräfte als „schwierig" wahrgenommenen Klienten ohne Veränderungsabsicht ist es ein großer Erfolg, wenn sie von der Stufe der Absichtslosigkeit in die Stufe der Absichtsbildung gebracht werden können. Das transtheoretische Modell kann dabei helfen, die eigenen Ansprüche der Fachkraft der aktuellen Situation der Klienten anzupassen.

4. Passe den Prozess an die Stufen an.
Nicht alle Stufen fordern die Fachkraft gleichermaßen heraus. Die Motivationslage ist besonders in der Stufe der Absichtslosigkeit fragil und davon gekennzeichnet, dass die Klienten die Vorteile einer Veränderung unterschätzen und die Nachteile höher bewerten als eine Hilfestellung zur Veränderung. Die Gefahr ist groß, dass sich die Klienten bereits zu diesem Zeitpunkt dem Zwangskontext entziehen. Dies erfordert eine hohe Sensibilität der Fachkraft und ihre Bereitschaft, ihren Beratungsstil und die Interaktion der jeweiligen Stufe anzupassen. Auch unter den Bedingungen des Zwangskontextes geben die Voraussetzungen der Klienten das Tempo der Veränderung vor.

5. Versuche auch die Beratungshaltung den Stufen anzupassen.
Die Veränderungsstufen legen nicht nur gezielte Beratungstechniken nahe, die der jeweiligen Situation entsprechen, sondern erfordern es auch, die Haltung der Fachkraft und ihre Beziehungsgestaltung der jeweiligen Stufe anzupassen. So kann beispielsweise in der ersten Stufe eine zu konfrontative Haltung den „Rückzug" des Klienten bewirken, während in der Stufe der Ambivalenz eine vorsichtige Widerspruchskonfrontation durchaus die Diskrepanz erhöhen und damit eine Veränderung wahrscheinlicher machen kann (vgl. dazu auch Miller/Rollnick 2009, 125). Wiederum in der Phase der Aufrechterhaltung, bei der ein „Rückfall" ins alte Muster stattfinden kann, wäre eine entdramatisierende, ressourcenorientierte und zugewandte Haltung für den Klienten

> hilfreich. Viele Klienten in Zwangskontexten werden den Fachkräften in der Stufe der Absichtslosigkeit begegnen. Eine zentrale klärende Intervention betrifft die Aufträge und die Rollen.

5.3 Förderung der Problemeinsicht

Klienten in Zwangskontexten „leugnen häufig, dass ‚irgendetwas mit ihnen nicht stimmt'" (Conen 2013, 47). Die unterschiedliche Problemwahrnehmung und -beurteilung zwischen den verschiedenen Akteuren scheint geradezu als Charakteristikum für Zwangskontexte zu gelten (Conen 2013). Behnisch (2014, 337) beschreibt eine „Verantwortungsabspaltung" bei Eltern von delinquierenden Jugendlichen und betont die Schamhaftigkeit des Umstandes, dass eigene Kinder straffällig werden und die staatlichen Kontrollinstanzen (Polizei, Jugendhilfe, Schule) reagieren. Wigger (2009) konnte für sozialpädagogische Zwangskontexte mit Kindern und Jugendlichen rekonstruieren, dass die Problematisierung der Bewältigungsleistungen der Klienten durch die Expertensysteme und der Kontrollverlust durch die „Problementeignung" der Experten im Rahmen diagnostischer Prozesse die Bildung eines Arbeitsbündnisses erschweren oder verunmöglicht haben. Dem Punkt „Problemeinsichtsförderung" ist demnach auch im Hinblick auf die Gestaltung der Beratungsbeziehung und das Gelingen der Beratung unter Zwangsbedingungen besondere Beachtung zu schenken. Ein schrittweise gemeinsam erarbeitetes Problemverständnis ist die Grundlage für eine Arbeitsbeziehung (zu den Unterscheidungen von „Arbeitsbündnis" und „Arbeitsbeziehung" und den damit verbundenen Professions- [und Freiwilligkeitsverständnissen] in der Erziehungshilfe: Köngeter 2009) und die Erarbeitung von Zielen. Die Fachkräfte sind gefordert, unter Berücksichtigung der verschiedenen Sichtweisen der Akteure im „Dreieck" (Kap. 4) mit den Klienten zusammen eine funktionale Problemsicht zu erarbeiten, die als gemeinsame Grundlage für die Klärung von Zielen und weiteren methodischen Schritten dient. Wie sollen Klienten im Kontext „unerwünschter Hilfe" für Veränderungsziele gewonnen und motiviert werden, wenn sie subjektiv gar keine Probleme bei sich feststellen können?

Häufig werden fehlende, verzerrte und wenig zielführende „Problemkonstruktionen" der Klienten in der Praxis als „Widerstand" gedeutet, den es — die Meinung einiger Praktiker — durch Überzeugungen oder energische Konfrontationen zu reduzieren gilt. Miller/Rollnick (2015) erläutern, dass Konfrontation — zurückgeführt auf die Wortherkunft — bedeutet, jemandem die Stirn zu bieten. In der Motivationsarbeit gehe es aber eher darum, dass ein Klient dazu angeleitet wird, sich selbst zu reflektieren. Eine Konfrontation führt eher dazu, dass sich Verteidigungsstrategien des Klienten zeigen (Kap. 6.2) und daraus keine Veränderung möglich wird (Klug/Zobrist 2016).

In einem Praxisprojekt im Frauenstrafvollzug hat sich gezeigt, dass die Fachkräfte in einem Muster des Klärens und Konfrontierens, aber auch mit „Ratschlägen" und dem „Aufzeigenwollen" auf die fehlende Problemeinsicht reagieren (Zobrist 2015). Oder die durch die Fachkraft festgestellte „Uneinsichtigkeit" führt zur Entscheidung, den weiteren Hilfeprozess wegen „fehlender Einsicht" oder „Unmotiviertheit" gleich abzubrechen. Dabei wird vergessen, dass eine fehlende Problemeinsicht und damit die momentan fehlende Bereitschaft zur Veränderung das motivationale Stadium der „Absichtslosigkeit" im eigentlichen Sinne charakterisieren (Kap. 5.1 und 5.2). In früheren Zeiten sorgte die „etwas krude Leidensdrucktheorie" (Vogt 2012, 43) dafür, dass man die Klienten nicht in die Beratung aufnahm, sondern sie wieder nach Hause schickte oder die Veränderungsmotivation fälschlicherweise als zwingende Eingangsvoraussetzung für einen Beratungs- oder Therapieprozess annahm. Die Schwierigkeit der „Leidensdruck"-Idee ist ihre Wirkung auf die Selbstwirksamkeitserwartung: Jeder Misserfolg und der erneute „Abstieg in den Sumpf" können dazu führen, dass sich die Klienten noch weniger zutrauen, noch weniger Hoffnung empfinden und davon ausgehen, dass sie „sowieso nichts gebacken kriegen". Hoffnung und Selbstwirksamkeitserwartung sind allerdings eine Basis für die Motivationsarbeit (Miller/Rollnick 2015 sowie Kap. 5.1). Heute ist — auch bezogen auf Zwangskontexte — die Einsicht gewachsen, dass die Erarbeitung von Motivation eine erste Aufgabe für die Fachkräfte darstellt (Klug/Schaitl 2012), die Klienten müssen nicht schon „motiviert" in die Einrichtung kommen.

Ein wesentlicher Faktor der Veränderungsmotivation ist demnach die Problemeinsicht der Klienten. Es gilt zu verstehen, welche Faktoren sie beeinflussen. Der Begriff „Problemeinsicht" geht bei oberflächlichem Verständnis davon aus, dass die Fachkraft oder die Auftrag gebende Instanz (z. B. das Gericht) weiß, was „richtig" oder „falsch" ist respektive worin die Ist-/Soll-Diskrepanz (das Problem) beim Klienten besteht. Somit muss der Klient nur „einsichtig" werden und die Sichtweise der anderen Akteure übernehmen. Dies kann mit Blick auf die Modelle der Motivation kein Weg sein, um Menschen für die Hilfeannahme und für Veränderungen zu gewinnen. Eine fragende, entdeckende, neugierige und offene Haltung der Sozialarbeiterin kann dabei helfen, die „guten Gründe" für die „fehlende Problemeinsicht" zu verstehen und beraterisch darauf zu reagieren. Gleichzeitig kann die fachliche Vorstellung der vollständigen „Subjektivität" des Problems nicht als handlungsleitende Prämisse in Zwangskontexten verwendet werden, weil es zur Aufgabe in diesem Arbeitsfeld gehört, Normalität herzustellen, und die Fachkräfte als Akteure sozialer Kontrolle fungieren (Conen 2013). Insofern sind die „Realität" (oder die „harten Wirklichkeiten", Wagner/Russinger

2002) der Auftraggeber und ihre Definition der „Abweichung" des Klienten für die Konstitution des Kontaktes ein wichtiger Aspekt, mit dem sich auch der Klient auseinandersetzen muss. Fehlende oder ungenügende Problemeinsicht (oder: keine Zustimmung zur Problemsicht der anderen Akteure, vielleicht auch eine alternative Problemsicht) kann in den folgenden Faktoren begründet sein (Tab. 5):

Tab. 5: Faktoren fehlender Problemeinsicht und beraterische Ansatzpunkte

Faktoren, welche eine Problemeinsicht behindern	beraterische Ansätze
1. Das Problem hat subjektiv positiv bewertete Konsequenzen für den Klienten	Herausarbeiten langfristiger (negativer) Konsequenzen Infragestellung der subjektiven Beurteilung der „Gewinne" und „Kosten"
2. Die Einstellungen zum Problem unterliegen Verzerrungen; die Einstellungen des Klienten zum Problem sind dysfunktional	Hinterfragen und reflektieren der Einstellungen (Disputtechniken)
3. Die Problemeinsicht wirkt sich negativ auf den Selbstwert aus und/oder führt zu Scham/Schuldgefühlen	Empathie, Akzeptanz und Offenheit, Vermeidung von Abwertungen; Verstärkung bisheriger Veränderungsbemühungen und/oder der Kooperation trotz fremdinitiierter Kontaktnahme

Das Problem hat einen Vorteil: Die Gründe dafür liegen möglicherweise darin, dass der von Dritten als „Problem" artikulierte Zustand oder das Verhalten für den Betroffenen selbst in seinen Folgen als positiv bewertet wird.

> **BEISPIEL**
> Ein **Vater** berichtet der Fachkraft des Jugendamtes von der kurzfristigen „positiven" Wirkung seiner wiederholten Schläge gegenüber der 11-jährigen Tochter. Das Kind weine zwar danach, aber es verhalte sich „endlich wieder ruhig, mischt sich nicht mehr in die Dinge der Erwachsenen ein und geht seinem zänkenden Bruder aus dem Weg [...] normale Worte versteht sie ja nicht".

Menschen neigen dazu, die kurzfristigen Konsequenzen ihres Verhaltens stärker zu bewerten als die langfristigen Folgen des „Problems" (zur lerntheoretischen Analyse der Problemfunktionalität z. B.: Bartmann 2010). Somit hat die von außen zugeschriebene „Uneinsichtigkeit" für den Klienten subjektiv (und lerntheoretisch) durchaus Sinn. Eine selbstkritische Auseinandersetzung ist dann möglich, wenn die Fachkraft die subjektiv positiv bewertete Konsequenz des Problems anerkennt (ansonsten wird der Klient nicht ernst genommen). Manchen Fachkräften fällt es schwer, den subjektiv positiven, aber durch Dritte als problematisch beurteilten Aspekt nachzuvollziehen und dafür eine Offenheit aufzubringen, ohne problematische Einstellungen zu verstärken. Die Auseinandersetzung mit den längerfristigen Folgen kann zu einem späteren Zeitpunkt geschehen, indem die Fachkraft gemeinsam mit dem Klienten versucht, herauszufinden, welche Nachteile das „Problem" über einen längeren Zeitraum haben könnte. Relevant sind dabei nicht die Bewertungen der Fachkraft, sondern die Sichtweisen des Klienten! Somit geht es bei dieser Intervention nicht darum, den Klienten langfristige Nachteile „einzureden", sondern sie sollen durch geschicktes Fragen angeregt werden, die Nachteile ihres Problems für sich selbst herauszufinden. Sachse et al. (2012, 84) weisen darauf hin, dass die subjektive Bedeutung der „Kosten" eines Verhaltens kognitiv „schöngeredet" werden kann und es wichtig ist, die „Kosten" eines Verhaltens immer wieder zu spiegeln, die (psychologische) Verantwortlichkeit dafür dem Klienten zuzuweisen (Mayer 2012) und die Bedeutsamkeit der „Kosten" für den Klienten hervorzuheben.

Dysfunktionale Einstellungen: Die subjektive Problemsicht der Klientin kann außerdem durch Einstellungen geprägt sein, welche die Realität verzerren, z. B. indem sie die Attribution von (psychologischer) Verantwortung externalisiert.

> Eine **jugendliche Klientin** ist nach einer gewalttätigen Auseinandersetzung mit Gleichaltrigen nicht bereit, an einem vom Richter angeordneten Sozialtraining teilzunehmen. Sie sagt der Sozialarbeiterin: „Die anderen Mädels haben ja angefangen, mich im Internet blöd zu ‚mobben'. Die sollen zuerst einen Kurs machen, nicht ich."

Weitere Verzerrungen können in Form von Bagatellisierungen („Schläge haben noch keinem Kind geschadet"), Rechtfertigungen („Jeder Arbeitslose hätte an meiner Stelle genauso gehandelt und diese Maschine mitgehen lassen") oder Verallgemeinerungen („Alle Jugendlichen hängen rum") beobachtet werden (Rossegger et al. 2012). Im Hintergrund solcher Verzerrungen stehen einerseits sozialisationsbedingte Prozesse, andererseits Dynamiken der Reduktion von „kognitiven Dissonanzen" (Festinger 1957) oder die Verhinderung von Selbstwertverlust. Außerdem spielen soziale Verstärkungsprozesse eine wichtige Rolle: Die Personen im sozialen Netzwerk des Klienten können funktionale oder dysfunktionale Einstellungen hinterfragen oder sie reproduzieren (beispielsweise durch Modell-Lernen und soziale Verstärkung, Bandura 1997). Insofern sollte ein ganzheitlicher Blick auf das Netzwerk des Klienten nicht nur die Beschaffenheit der sozialen Kontakte und mögliche Ressourcen berücksichtigen, sondern auch die Einstellungen der Netzwerkakteure.

> **BEISPIEL**
>
> Frau M. wurde verpflichtet, ein **Arbeitsintegrationsprogramm** zu besuchen. Der Fachkraft des freien Trägers, der dieses Angebot bereitstellt, erzählt die Klientin: „Ich sehe den Sinn dieses Programms überhaupt nicht ein. Meine Freundin Bianca hat gesagt, dass solche Maßnahmen überhaupt keinen Nutzen hätten, weil die Sozialarbeiter hier auch keinen Job organisieren könnten."

Die Aussage des griechischen Philosophen Epiktet „Nicht die Dinge beunruhigen die Menschen, sondern ihre Meinungen über die Dinge" (Epiktet 1992, 12) steht für die Bedeutung von Einstellungen für das Erleben und Handeln von Menschen. Auf Sokrates gehen Frageformen zurück, welche die Selbstreflexion anregen sollen. Es geht nicht darum, die eigene Meinung zu sagen oder Aussagen von anderen in direkter Form zu widerlegen, sondern den Gesprächspartner dazu zu bringen, die Pro-/Contra-Argumente selbst zu nennen. Auf der Grundlage dieses Prinzips wurden in der kognitiven Verhaltenstherapie verschiedene Disput- und Fragetechniken entwickelt (Stavemann 2007). Einzelne Techniken lassen sich auch mit anderen Ansätzen, beispielsweise der motivierenden Gesprächsführung von Miller/Rollnick (2015), kombinieren: Sokratische Fragen können mit sorgfältigem Zuhören und Spiegeln („reflektierenden Aussagen") verknüpft werden (Fuller/Taylor 2012).

> **BEISPIEL**
>
> Frau G. denkt: „Der Richter am Familiengericht wollte mir eins auswischen, weil er meint, dass ich eine unfähige Mutter bin. Deshalb hat er meinen Sohn Felix im Heim unterbringen lassen. Ich werde sicher nicht mit der Sozialarbeiterin vom **Jugendamt** zusammenarbeiten." Frau G. sagt der Sozialarbeiterin: „Meine Erziehungskompetenzen stehen außer Frage, ich werde mithilfe eines Anwalts versuchen, meinen Sohn so rasch wie möglich aus diesem Heim rauszubekommen!"

Eine solche für die Problemlösung wenig funktionale Problemsicht könnte durch sokratische Fragetechniken hinterfragt und neu konstruiert werden. Voraussetzung dafür ist es, dass die Fachkraft nicht das Ziel verfolgt, ihre eigenen Ansichten zum Problem der Klientin aufzudrängen. Vielmehr sollte sie im gemeinsamen „geleiteten Entdecken" selbst herausfinden, welche Einstellung für sie hilfreicher sein könnte und welche sie wohl aufgeben muss.

> *„Das Prinzip besteht darin, dass [d]er [Klient] von selbst herausfindet, was wir ihm hätten sagen wollen – aus dem Grund, dass die von ihm selbst entdeckten Einsichten sehr viel verhaltenswirksamer und veränderungsmotivierender sind als ‚Predigten' und Appelle" (Mayer 2009, 222).*

Die von Fuller/Taylor (2012, 46) vorgeschlagenen „hilfreichen sokratischen Fragen" sind beispielsweise:

- „Was wäre die Alternative?"
- „Was wäre, wenn…?"
- „Was sind die Gründe für…?"
- „Was sind die Konsequenzen von…?"

Stavemann unterscheidet zur Prüfung kognitiver Konzepte die folgenden Frageformen (Stavemann 2007; modifiziert):

> **Empirie prüfende Fragen:** „Wie wahrscheinlich ist das?", „Ist das zwangsläufig so?", „Ganz sicher?", „Immer?", „Alle?" etc.; diese Fragen sind geeignet um den Realitätsbezug einer Einstellung zu hinterfragen, Generalisierungen zu entdecken oder die Eintrittswahrscheinlichkeit zu prüfen.
> **Logik prüfende Fragen:** „Wie kommen Sie darauf?", „Woraus schließen Sie das?", „Weshalb muss das so sein?" etc.; mit dieser Frageform können Fehlattributionen und unlogische Schlussfolgerungen neu konstruiert werden.
> **Normen prüfende Fragen:** „Woher kennen Sie diese Norm?", „Weshalb sollten Sie das nicht dürfen?" etc.; diese Fragen werden gestellt, um die Normangemessenheit von Einstellungen zu reflektieren.
> **Funktionalität prüfende Fragen:** „Hilft das dabei, Ihr Ziel zu erreichen?", „Kriegen Sie einen neuen Job, wenn Sie weiterhin denken, Sie würden sowieso nichts finden?", etc.; diese Dispute beabsichtigen, die Zielgerichtetheit von Einstellungen zu hinterfragen.

> **Hedonismus prüfende Fragen:** „Bringt Ihnen das etwas kurzfristig oder langfristig?", „Kennen Sie eine Medaille, die nur eine Vorderseite hat?", etc.; hierbei werden Einstellungen auf ihre Langfristigkeit oder auf ihre hedonistisch ausgeprägte Einseitigkeit hin geprüft.

Diese Fragetechniken helfen — wenn sie sorgfältig in die Gesprächsführung eingebettet sind und mit einer wertschätzenden Haltung geäußert werden —, die Sichtweisen des Klienten zu seinem Problem zu verändern und den Ausgangspunkt für Veränderungen zu bilden. Weitere kognitive Strategien und Materialien für den Zwangskontext finden sich zudem bei Gehrmann/Müller (2016) und bei Winiarski (2012).

Die Problemeinsicht reduziert den Selbstwert: Conen (2013, 49) weist darauf hin, dass das Nichtoffenlegen von Schwierigkeiten zum Schutz des Selbstwerterlebens dienen kann und damit bereits eine Kooperation mit der Fachkraft eine „indirekte Zustimmung zu der Problemdefinition des professionellen Helfers dar[stellt]". Die Verordnung von Hilfe, besonders wenn sie aufgrund von rechtlichen Vorgaben zustande kommt, kann das persönliche Versagen und den Misserfolg für den Klienten explizieren. Der Gedanke, „warum ausgerechnet ich" (Hesser 2001, 29), kann zu Selbstabwertungen und Schamgefühlen führen (Forrester et al. 2012). Die Idealisierung gesellschaftlicher Normen wie beispielsweise der Muttermythos (Gschwend, 2009) oder die „Dämonisierung" von Straftätern (Stiels-Glenn 2010) machen es für Klienten besonders schwer, sich einsichtig und damit als „Versager" zu zeigen.

> **BEISPIEL**
>
> Herr H. wurde wegen Sexualdelikten mit Kindern verurteilt und einem **Bewährungshelfer** unterstellt. Im Erstgespräch äußert er sich dahingehend, dass ihm alles „sehr unangenehm" sei, und interessiert sich dafür, wie die Schweigepflicht des Bewährungshelfers geregelt ist. Er teilt dem Bewährungshelfer mit, dass er „am liebsten alles vergessen" möchte und es ihm recht wäre, vor allem über seine aktuelle Wohnungsproblematik zu sprechen. Außerdem habe er die Übergriffe „stets alkoholisiert" verübt, ansonsten wäre ihm das „nie passiert".

So ist es nachvollziehbar, dass die Auseinandersetzung mit dem Problem vermieden oder das Problem gar geleugnet wird. Insofern ist die fehlende Problemsicht funktional für die Regulation des Selbstwertbedürfnisses (Kap. 5.1) und eine „normale" Reaktion auf den von außen einwirkenden Einsichts- und

Veränderungsdruck. Methodisch kann darauf reagiert werden, indem auf die grundsätzlichen Haltungen der Fachkräfte in Zwangskontexten achtgegeben wird (Kap. 3), vermutete Schamgefühle oder das Erleben von Versagen offen angesprochen werden. Eine ressourcenorientierte und empathische Gesprächsführung in Zwangskontexten ist auch deshalb von wichtiger Bedeutung. Gleichzeitig scheint es wichtig, die auftretenden Verzerrungen trotzdem anzusprechen und den Klienten zu fragen, weshalb es dennoch sinnvoll sein könnte, gemeinsam an den „heiklen" Themen zu arbeiten. Auch wenn es Klienten geschafft haben, gemeinsam mit den Fachkräften eine funktionale Problemeinsicht zu erarbeiten, kann das Veränderungsvorhaben noch ambivalent wahrgenommen werden.

Zum Schluss soll auf eine Dynamik hingewiesen werden, welche möglicherweise die Problemeinsicht von Klientinnen in Zwangskontexten zusätzlich erschwert: Wer Probleme „zugibt", ist selbst schuld, weil er damit die eigene Autonomie einschränkt.

> **BEISPIEL**
>
> Frau S. hat einen Termin beim **Jugendamt**. Der Kindergarten hat eine Kindeswohlgefährdung gemeldet, weil die Tochter von Frau S. offensichtlich zu wenig Zuwendung erhält, zu spät in den Kindergarten gebracht wird und gesundheitliche Probleme des Kindes offensichtlich nicht behandelt werden. Wenn Frau S. im Gespräch mit dem Jugendamt zugibt, dass sie, neben dem besprochenen „deutlich stabilisierten Alkoholkonsum", ihre Tochter regelmäßig nachts allein lässt, muss sie mit weiteren Autonomieeinschränkungen oder gar einer Fremdunterbringung ihres Kindes rechnen.

Es ist somit in Zwangskontexten damit zu rechnen, dass sich Klientinnen strategisch verhalten, um weitere Autonomieeinschränkungen zu verhindern. Dies verhilft kurzfristig zu mehr Spielräumen. Damit Klientinnen problemeinsichtig sein können, benötigen sie geklärte Rahmenbedingungen. Das bedeutet, dass die Sozialarbeiterin in ihrer Gesprächsführung solche strategischen Positionen antizipieren und in der Auftrags- und Rollenklärung ansprechen muss. Dabei müssen potenzielle und befürchtete Autonomieeinschränkungen thematisiert werden.

5.4 Ambivalenzenklärung und „Change-Talk"

Auszugehen ist von ambivalenten und widersprüchlichen Mixturen des Pro und Kontra einer Veränderung. Sie werden dem Klienten möglicherweise erst im Rahmen der Beratung bewusst. Die Klärung von Ambivalenzen ist ein wichtiger Zugang zu Veränderungen. Fuller/Taylor (2012) beschreiben drei Formen von Dilemmata:

Zunächst gibt es ein „Joy/Joy"-Dilemma, bei welchem zwischen zwei positiven Dingen entschieden werden muss und davon ausgegangen werden kann, dass eine Entscheidung hier leichtfällt, weil die Vor- und Nachteile abgewogen werden können. Schwieriger für die Entscheidung ist das „Pain/Pain"-Dilemma, bei dem man sich zwischen „Pest und Cholera" entscheiden muss. Die Entscheidung fällt vermutlich für das kleinere Übel, oder es gibt noch einen dritten Ausweg. Beim „Joy/Pain"-Dilemma gilt: „Was immer man tut, man gewinnt und verliert auf jeden Fall etwas" (Fuller/Taylor 2012, 164). Es besteht hier das Risiko, sich im Kreis zu drehen und dass die Beschäftigung mit dieser schwierigen Ambivalenz zur Blockade führt. Für die komplexen Lebenssituationen in Zwangskontexten ist anzunehmen, dass vorwiegend „Joy/Pain"-Dilemmata bearbeitet werden müssen. Fuller und Taylor schlagen zunächst eine einfache Motivationswaage vor, bei der einerseits nach den Gründen, „so zu bleiben, wie ich bin", und andererseits nach den „Gründen, warum ich mich ändern will", gefragt werden soll (Fuller/Taylor 2012, 165). Den divergierenden inneren Stimmen der Ambivalenz soll gleichermaßen Beachtung geschenkt werden:

- „Bleib, wie du bist!"
- „Ändere dich!"
- „Wenn du bleibst, wie du bist, verlierst du!"
- „Wenn du dich änderst, verlierst du!"

Der nächste Schritt der Differenzierung erfolgt, wenn Vor- und Nachteile des alten Verhaltens den Vor-/Nachteilen des neuen Verhaltens gegenübergestellt werden (Bearbeitung eines „Joy/Pain"-Dilemmas). In Anlehnung an Sachse et al. (2012) werden als folgende Bearbeitungsschritte der Ambivalenzklärung vorgeschlagen:

1. Nachteile deutlich machen, (psychologische) Verantwortung (Attribution) für die Nachteile herausarbeiten und persönliche Bedeutung der Nachteile im Kontext wichtiger Ziele hervorheben.

2. Vorteile der Veränderung deutlich machen, Möglichkeiten der Veränderung herausarbeiten und Selbstwirksamkeitserwartung steigern. Wiederum soll die persönliche Bedeutung der Vorteile im Kontext wichtiger Ziele hervorgehoben werden.
3. Nachteile der Veränderung herausarbeiten, Möglichkeiten der „Kostenreduktion" besprechen und die persönliche Bedeutung der Nachteile im Kontext wichtiger Ziele klären.
4. Vorteile des bisherigen Verhaltens klären und besprechen, wie die Vorteile durch angemessenes Handeln dennoch erhalten bleiben können. Auch hier sollen die Vorteile des alten Verhaltens im Kontext wichtiger persönlicher Ziele geklärt werden.

Durch die gemeinsame Sichtung der förderlichen und hinderlichen Aspekte hilft die Fachkraft dem Klienten, größere Klarheit zu erzielen. Nun kann gezielt daran gearbeitet werden, die förderlichen Elemente zu stärken (und entsprechend die hinderlichen Elemente aus dem Verkehr zu ziehen; Tab. 6).

Tab. 6: Beispiel einer Vier-Felder-Matrix der Vor- und Nachteile einer Veränderung des Alkoholkonsums (Körkel/Drinkmann 2002, 28; nach Petry 1996)

	Nachteile	Vorteile
„Wenn ich weitermache wie bisher"	gesundheitliche Schäden finanzielle Abhängigkeiten schlechtes Vorbild für die Kinder Beziehungsprobleme Verlust der Partnerschaft Verschwendung von Zeit Gefährdung/Verlust des Arbeitsplatzes Verlust des Führerscheins Verlust von sozialem Ansehen Probleme im Freundeskreis/Isolation hoher Kraftaufwand durch Verheimlichen Gefährdung/Verlust der Wohnung Polizeiliche/gerichtliche Probleme Zunahme von depressiven Stimmungen/Grübeln Verlust der Selbstbestimmung	Entspannung Verringerung von Angst angenehme Rauschgefühle soziale Kontakte/Freunde „Vergessen" von Konflikten und Streitigkeiten innere Unruhe abbauen sich zurückziehen/Drumherum „abschalten" mutiger werden mehr Genuss

	Nachteile	Vorteile
„Wenn ich mein Verhalten ändere"	Probleme mit Freunden/Verlust von Freunden weniger Entspannung mehr Angstzustände Zunahme von depressiven Stimmungen/Grübeln Probleme mit Arbeitskollegen (Druck mitzutrinken) Gefährdung des Arbeitsplatzes wegen Abwesenheit bei stationärer Suchtbehandlung Alleinsein/Einsamkeit weniger Genuss mehr Geldprobleme (im Original: „Weniger")	mehr Zeit für die Familie weniger Geldprobleme zufriedenere Partnerschaft besseres Lebensgefühl Zeit für neue Interessen/Hobbys Halten bzw. Wiederaufnahme einer geregelten Arbeit mehr Selbstbewusstsein verbesserter körperlicher Zustand höheres Ansehen im Freundeskreis Möglichkeit, neue Kontakte zu knüpfen

Als Fragetechniken zur „Motivationswaage" nennen Fuller/Taylor (2012; modifiziert):

Zum alten Verhalten: „Was gibt Ihnen das Gefühl, dass Ihr momentanes Verhalten ein Problem darstellt?", „Auf welche Weise denken Sie, fühlen sich andere gestört/betroffen?", „Welche Bedenken hatte Ihr Freund/Chef (andere wichtige Person im Netzwerk)?", „Wie fühlen Sie sich mit Ihrem Verhalten?", „Auf welche Weise macht Ihnen das Sorgen?"

Zur Veränderung: „Wie würde eine Veränderung Ihres Verhaltens zu dem passen, was Sie wirklich wollen?", „Die Tatsache, dass Sie hier sind, zeigt, dass ein Teil von Ihnen eine Änderung will. Was wären Gründe für eine Veränderung?", „Was bringt Sie dazu zu denken, Sie müssen sich ändern?", „Sagen Sie mir, wie eine Veränderung Ihr Leben verbessern würde."

Ambivalenzen zeigen sich nicht nur in expliziten rationalen Kategorisierungen von Vor- und Nachteilen, „Kosten" und „Gewinnen", sondern auch in der veränderungsorientierten Sprache der Klienten, die Miller und Rollnick „Change-Talk" oder „selbstmotivierende Sprache" nennen (Miller/Rollnick 2009, 44). Als „Change-Talk" werden Aussagen von Klienten bezeichnet wie „Ich fange an, darüber nachzudenken, ob dies ein Problem sein könnte", „Ich mache mir Sorgen über…," „Ich will…," „Ich werde…", „Ich fange an…".

Auf diesen Change-Talk soll laut Miller und Rollnick bewusst reagiert werden, indem

- auf Aussagen mit Interesse reagiert wird und Ermutigungen ausgesprochen werden,
- der Change-Talk reflektiert (paraphrasiert / gespiegelt) wird,
- die veränderungsorientierten Aussagen des Klienten zusammengefasst werden und
- der Change-Talk bestätigt wird (Miller / Rollnick 2004, 126 ff).

Mögliche Aussagen dazu sind:

- „Das ist wirklich eine gute Idee."
- „Ich kann sehen, dass Ihnen das viel bedeutet."
- „Ich glaube, das könnte funktionieren."
- „Sie machen sich wirklich Gedanken darüber, wie Ihr Verhalten auf andere Leute wirkt."
- „Das ist ein sehr guter Punkt."
- „Es ist ganz wichtig für Sie, ein guter Partner zu sein."
- „Damit haben Sie Recht" (Miller / Rollnick 2004, 130 f).

Diese Reaktionsbeispiele auf veränderungsorientierte Aussagen zeigen die methodische Nähe des Ansatzes der motivierenden Gesprächsführung zur Gesprächspsychotherapie von Carl Rogers.

Wenn es den Klienten in Zwangskontexten gelingt, trotz fremdinitiierter Kontaktaufnahme eine Problemeinsicht zu generieren und ihre Ambivalenzen mit einer Entscheidung aufzulösen, ist es sinnvoll, gemeinsam Ziele zu entwickeln und die Veränderungen zu planen.

5.5 Entwicklung und Aushandlung von Zielen

Die obigen Ausführungen zur Motivationspsychologie haben verdeutlicht, welche motivierende Funktion Ziele haben (Kap. 5.1). Im methodischen Handeln in der Sozialen Arbeit haben Ziele eine zentrale Steuerungsaufgabe, sie erfüllen in der Sozialen Arbeit „die Funktion von handlungsleitenden Grundlagen für den weiteren Unterstützungsprozess" (Hochuli Freund / Stotz 2015, 235). Zu unterscheiden ist zwischen den handlungsleitenden Zielen der Klientinnen selbst (die Hochuli Freund / Stotz als „Bildungsziele" bezeichnen) und den Zielen der Fachkräfte mit den Klienten, also den Zielen, die später in Interventionen transferiert werden (Hochuli Freund/Stotz 2015, 261, nennen sie „Unterstützungsziele"). Ziele müssen bestimmte Qualitätskriterien erfüllen, damit sie handlungsleitend werden, beispielsweise sollen sie positiv ausformuliert werden. „Bei der Zielformulierung ist [...] auf Klarheit, Verknüpfung von Zielkriterien, Vermeidung von Überwertigkeit und auf Zielkonflikte zu achten" (Hochuli Freund/Stotz 2015, 263). Ziele müssen hierarchisiert und sollen dialogisch ausgehandelt werden.

Die Erarbeitung von Zielen im Rahmen des methodischen Handelns ist an sich schon eine anspruchsvolle Aufgabe. In Zwangskontexten nimmt die Schwierigkeit zu, weil sich einerseits aufgrund der am Anfang stehenden Veränderungsmotivation erst ein Stück weit eine Problemeinsicht gebildet hat und Veränderungsziele noch in weiter Ferne stehen. Andererseits können sich die anzustrebenden Ziele aus Sicht der Klientin und der Sozialpädagogin unterschiedlich darstellen. Beide Herausforderungen weisen auf die Gefahr des zu schnellen Vorgehens hin: Die Erarbeitung von Zielen setzt einen Klärungsprozess voraus, der dazu geführt hat, dass der Klient „über dem Rubikon" ist, d.h. Willen gebildet hat (Kap. 5.1.). Im Sinne der stufengerechten Intervention (Kap. 5.2) stehen „Ziele" demnach nicht am Anfang der Zusammenarbeit in Zwangskontexten. Die Phase mit der Arbeit an Zielen zeigt vielmehr, dass wesentliche Hindernisse (Problemeinsicht, „Widerstand") bereits überwunden werden konnten. Der zweite Punkt, die möglichen Zieldivergenzen zwischen Klient und Fachkraft, streicht heraus, dass Ziele den Klienten nicht „übergestülpt" werden können, sondern ausreichend Zeit notwendig ist, um gemeinsam Ziele auszuhandeln. Die Hälfte der von Kähler (2005) gefragten Fachkräfte hielt die Entwicklung von gemeinsamen Zielen für schwierig. Bei der Erarbeitung von Zielen sind folgende Elemente entscheidend:

Ziele, die durch den Klienten erreicht werden können, haben Vorrang vor solchen, die die Inanspruchnahme durch Netzwerkangehörige, Freiwillige oder andere professionelle Helfer notwendig machen (Hesser 2001).

Ziele, die in kurzer Zeit erreicht werden können, haben Vorrang vor längerfristigen Zielen; sie sollten „verhaltensbezogen, prozesshaft formuliert und sofort anzugehen" sein sowie „im Kompetenzbereich der Familienmitglieder liegen" (Hartung 1997, 20). Das hat zur Konsequenz, dass globale und komplexe Ziele in kleine und überschaubare Ziele heruntergebrochen werden müssen, damit sie für die Betroffenen und die Fachkräfte überprüfbar werden und der konkrete Unterstützungsbedarf klarer wird.

Ziele, die deutliche und unmittelbare Entlastungen und Verbesserungen bringen, haben Vorrang vor Zielen, die möglicherweise längerfristig wichtiger sind, deren Erreichung aber zunächst andere Voraussetzungen erfordert.

Ziele sollten positiv, konkret, messbar, erreichbar und gemeinsam formuliert werden (Hesser 2001).

Aufgrund der oben beschriebenen Bedingungen ist es von besonderer Wichtigkeit, dass die Klienten für sich „bedeutsame" Ziele entwickeln können (Klug/Zobrist 2016) und sich nicht auf Pro-forma-Ziele der Sozialpädagogen verpflichten, die nicht ihre eigenen Ziele sind. Angesichts der eingeschränkten Handlungsspielräume und der Machtverhältnisse in Zwangskontexten besteht eine Gefahr, dass sich Fachkräfte mit „ihren" Zielen „durchsetzen" oder die Klientinnen für ihre Ziele zu überzeugen versuchen. Der Zwangskontext sollte hier nicht als „Verlockung" missbraucht werden, in der Zielentwicklung die Klientinnen zu übergehen. Spätestens in der Umsetzung wird sich zeigen, ob es sich um die Ziele der Fachkräfte oder um die Ziele der Klientinnen gehandelt hat ...

Im Zielaushandlungs-/Entwicklungsprozess in Zwangskontexten kann es hilfreich sein, die übergeordneten Perspektiven und Wertvorstellungen der Klienten zu explorieren. Miller/Rollnick (2015) schlagen hierfür die Arbeit mit Wertekarten vor. Auf hundert verschiedenen Karten werden zu verschiedenen Lebensbereichen Wertvorstellungen formuliert. Die Klienten können diese Kärtchen priorisieren. Es ist denkbar, dass auf übergeordneter Ebene auch in Zwangskontexten einige Gemeinsamkeiten und Übereinstimmungen gefunden werden. Dies ist eine gute Grundlage für die spätere Präzisierung und Hierarchisierung der Ziele und verhindert Konflikte, die sich bei der Diskussion von Detailzielen, die eng mit der Methode verbunden sind, ergeben können.

Macsenaere (2016) weist im Rahmen der Erkenntnisse aus Wirkungsstudien in der Jugendhilfe darauf hin, dass der ressourcenorientierten Zielformulierung eine hohe Bedeutung zukommt und vor allem zu Beginn der Arbeit die Ziele noch eher defizitorientiert seien. Besonders bei schwierigen Ausgangslagen werde eher eine defizitorientierte Zielformulierung eingesetzt, obwohl ressourcenorientierte Ziele die Wirkung der Hilfen verbessert haben. Zwangskontexte implizieren meistens motivationale Vermeidungsziele (weniger Drogen konsumieren, nicht mehr die Kinder schlagen, keine Straftaten mehr verüben etc., Kap. 5.1). Es ist die Kunst der Fachkraft, in dialogischer Form mit den Klienten zusammen Ziele auszuhandeln, welche die Defizite, die zu Zwangskontexten geführt haben, beheben und gleichzeitig ressourcenorientiert und als „Annäherungsziele" ausgestaltet sind. Weitere methodische Hinweise zur Arbeit mit Zielen in Zwangskontexten, wie „Zielbarometer" und ähnliche Instrumente, finden sich in Klug/Zobrist (2016) sowie in Gehrmann/Müller (2016).

5.6 Ressourcenorientierung

Die Ressourcenorientierung hat als theoretischer Bezugsrahmen, methodische Handlungsrichtlinie und Wertemaßstab die Soziale Arbeit seit Beginn des 21. Jahrhunderts erheblich geprägt (Möbius 2010). Die Forderungen gehen sogar dahin, die Verwendung von Problembegriffen als stigmatisierende Etikettierung zu verstehen, sie müsse — auch in Zwangskontexten — zugunsten einer „radikalen Stärkeorientierung" aufgegeben werden (Gehrmann/Müller 2016, 91 ff.). Bohmeyer wendet zur Ressourcenorientierung kritisch ein, dass „die Orientierung an den Ressourcen nichts anderes [sei] als eine ins Positive gewendete Beschreibung der Defizite in semantisch positiver Tönung" (Bohmeyer 2011, 382). Sie habe einen „moralisch-appellativen Charakter" (Bohmeyer 2011, 382). Das Problem sei nicht die Benennung von Defiziten, sondern die Zuschreibung von Defiziten als „subjektive Unzulänglichkeit" (Bohmeyer 2011, 382). Probleme, Defizite und Ressourcen sollen miteinander in Verhältnis gesetzt und (strukturelle) Ressourcenarmut dürfe artikuliert werden (Bohmeyer 2011).

Gilt das Postulat der Ressourcenorientierung auch für Zwangskontexte, deren „Eingangsbedingungen" ausgesprochene Defizite und Probleme sind, ja geradezu die Defizitperspektive zur „Natur der Sache" staatlicher Eingriffe oder Initiativen der sozialen Netzwerke der Klienten gehört? Diese konstituierenden Rahmenbedingungen sollten als Anlass genommen werden, die Frage von Problem- versus Ressourcenorientierung differenzierter zu betrachten. Im Gegensatz zur Position von Gehrmann und Müller scheint es nach allen vorangehenden Überlegungen zur Auftrags- und Rollenklarheit geradezu kontraproduktiv zu sein, mittels einer „Stärkeorientierung" das Machtgefälle in Zwangskontexten semantisch „relativieren" zu wollen (Gehrmann/Müller 2016, 94; Kap. 3.1). An dieser Stelle wird vorgeschlagen, die Ressourcenoptik einerseits als zentralen Bestandteil eines umfassenden, bio-psycho-sozialen Menschenbildes zu verstehen und Ressourcen handlungstheoretisch nicht als „Gegenteil" von Problemen (oder Defiziten) zu sehen, sondern sie als Mittel (im Sinne der ursprünglichen Wortbedeutung des Begriffs „Ressource") für Veränderungsprozesse zu operationalisieren.

Auch in Zwangskontexten können ohne persönliche, materielle und soziale Ressourcen keine Verbesserungen der psychosozialen Situation der Klienten erreicht werden. Durch den Zuweisungskontext besteht die Gefahr, dass von den Klienten in paternalistischer Manier und im Kontext des aktivierenden Sozialstaates Veränderungen verlangt werden, welche mit den vorhandenen Ressourcen gar nicht möglich sind. Es kann geradezu zynisch sein, Klienten in Zwangskontexten ausschließlich auf ihre Ressourcen hin zu verweisen und damit naiv auf die „Selbstheilungskräfte" der Person zu vertrauen (Bohmeyer 2011, 382).

Vielmehr ist es die Aufgabe von Fachkräften in Zwangskontexten, die Menschen für die Veränderungen, die von ihnen verlangt werden, zu befähigen und die notwendigen externen und internen Ressourcen zu erschließen.

Eine wichtige theoretische Basis zum ressourcenorientierten Arbeiten bietet der „Empowerment"-Ansatz (Herriger 2010). Methodische Anregungen zur Ressourcenerschließung und verschiedene Materialien dazu finden sich bei Gehrmann/Müller (2016), Pantucek (2009), Möbius (2010), Flückiger/Wüsten (2008) und Klug/Zobrist (2016).

Besonders vielversprechend scheint die Arbeit mit dem sozialen Netzwerk zu sein. Aus den bisherigen Ausführungen, wie sich Zwangskontexte konstituieren und welche Rolle dabei Akteure im sozialen Netzwerk spielen, wurde deutlich, dass die Netzwerkakteure der Klienten einen wichtigen Einfluss auf die Problematisierung von bestimmten Klientensituationen haben und gleichzeitig für die Lösungen der Probleme unverzichtbar sind. Ein erster wichtiger Schritt ist die Erfassung der sozialen Netzwerkressourcen, beispielsweise mithilfe von Ökogrammen und Netzwerkkarten (Beispiele bei Gehrmann/Müller 2016; Klug/Zobrist 2016). Die Netzwerkakteure können dazu beitragen, die Machtverhältnisse in Zwangskontexten nicht bloß semantisch, sondern faktisch zu relativieren, insofern diese ressourcenorientierte Vorgehensweise auch eine Ermächtigungsstrategie darstellen könnte (Kap. 2.4). Die Netzwerkperspektive bedingt allerdings eine wertschätzende Haltung gegenüber möglicherweise als „destruktiv" eingestufte Netzwerkangehörige, die „stören".

> Herr A. erscheint zum Erstgespräch mit dem **Bewährungshelfer** mit seinen beiden Cousins im Schlepptau. Dies kann einerseits als „Widerstand", Ohnmachtsbewältigungsstrategie oder gar Bedrohung der Fachkraft gedeutet werden, was dazu führen könnte, dass die beiden Cousins sogleich wieder von der Fachkraft „verabschiedet" werden. Möglicherweise ist es aber ein konstruktives Lösungsverhalten des Klienten: Er hat die Erfahrung gemacht, dass seine prosozialen Cousins für ihn unterstützend sind und er sie deshalb dem Bewährungshelfer vorstellen möchte. Die Cousins haben ihm schon früher, als er noch Ärger mit dem Jugendrichter hatte, begleitet und ihm damals eine Ausbildungsstelle vermitteln können.

Meyers/Smith (2009) nehmen diese konstruktive Sichtweise gegenüber Netzwerkangehörigen auf und haben ressourcenorientierte Interventionen bei Angehörigen von alkoholkranken Menschen vorgeschlagen, die dazu übergehen,

Netzwerkakteure nicht als „Koabhängige" zu verstehen, sondern sie in den Beratungsprozess zu integrieren. Dieser Zugang scheint auch für Zwangskontexte vielversprechend zu sein und hat — betrachtet man die Wirkungsstudien zur Jugendhilfe, in denen die Elternarbeit als Wirkfaktor untersucht wurde — einen wichtigen Einfluss auf den Verlauf (Macsenaere 2016).

6 Beziehungsgestaltung in Zwangskontexten („C")

In Zwangskontexten, trotz der eingeschränkten Handlungsspielräume, der Kontrollrolle und möglicherweise auftauchender Phänomene wie „Widerstand", eine gute Arbeitsbeziehung mit Menschen zu gestalten, die vielleicht gar keine Beziehung mit den Sozialarbeitenden möchten, ist anspruchsvoll. Wie bereits erwähnt, kommt der Beziehungsgestaltung eine zentrale Bedeutung zu. Eine schlechte Arbeitsbeziehung im Zwangskontext ist ein Indikator für einen schlechten Verlauf (Lee/Ayon 2004). Das Auftreten von Störungen in der Arbeitsbeziehung macht „eine nachfolgende Verhaltensänderung unwahrscheinlich" (Miller/Rollnick 2015, 242, mit weiteren Verweisen). Die Ausführungen in diesem Kapitel stellen die Wichtigkeit des „Who works?" in den Vordergrund: Das Selbstverständnis, die Berufsmotivation und der persönliche Umgang mit den Anforderungen von Zwangskontexten wirken sich auf die konkrete Interventionsmethodik aus (Menger 2012). Weitaus intensiver ist jedoch der Einfluss dieser personalen Komponenten auf die Art der Beziehungsgestaltung zwischen der Fachkraft und dem Klienten.

Zunächst soll — basierend auf der sozialpsychologischen Theorie der Reaktanz — näher betrachtet werden, welche Folgen eingeschränkte Handlungsspielräume auf das Verhalten von Menschen haben, danach wird dargestellt, wie sich dies in Zwangskontexten aufseiten der Klienten und der Fachkräfte äußert (Kap. 6.1) und welche Folgerungen daraus zu ziehen sind (Kap. 6.2.). Anschließend werden verschiedene Dynamiken und Prinzipien der Beziehungsgestaltung in Zwangskontexten (Kap. 6.3) sowie Techniken der Beziehungsgestaltung (Kap. 6.4) vorgestellt.

6.1 Reaktionen auf Einschränkungen der Handlungsspielräume – Reaktanz

Die eingeschränkten Handlungsspielräume erschweren die Beziehungsgestaltung in Zwangskontexten (Vogt 2012), es ist mit Reaktanz oder „Widerstand" zu rechnen (Rooney 2009).

„Reactance' ist eine normale Reaktion auf die Drohung von Verlust von Freiheit, die für das Individuum als wertvoll erfahren wird. Reaktionen können sowohl direkt als indirekt geäußert werden" (Hesser 2001, 29).

Die Reaktanztheorie von Brehm und Brehm (Dickenberger et al. 2001) geht von der Annahme aus, dass Menschen sich gegen Einschränkungen ihrer Entscheidungsspielräume auflehnen. Dies ist umso mehr der Fall, je unberechtigter, gravierender und umfassender die Einschränkungen erlebt werden (Hartung 2010). Objektive Merkmale der Einschränkungen und subjektive Verarbeitung dieser Einschränkungen sind miteinander verschränkt: Objektiv gleiche Ausprägungen einer Einschränkung können von der einen Person als starke Bedrohung des eigenen Entscheidungsspielraums empfunden werden, von einer anderen Person hingegen als Entlastung im Sinne der Abnahme eigener Entscheidungen. Nur dann also, wenn eine von außen vorgenommene Einschränkung der Autonomie eines Menschen von diesem auch als Einengung empfunden wird, kann von Reaktanz gesprochen werden. Folglich wird immer dann mit deutlichen Reaktanzphänomenen zu rechnen sein, wenn die Handlungsspielräume in Zwangskontexten oder durch Zwangselemente eingeschränkt und dies von den Betroffenen als Eingriff in die eigenen Entscheidungsspielräume interpretiert wird. Alle Formen des offenen Rebellierens bis hin zu subtilen Formen des Unterlaufens der von außen erzwungenen Kontakte sind danach vorstellbar. Aber — auch das passt zur Begrifflichkeit der Reaktanztheorie — es ist damit zu rechnen, dass einige der Betroffenen den Außendruck nicht als Einschränkung von Freiheitsgraden empfinden, sondern als willkommenen Anlass, Änderungsschritte einzuleiten, zu denen sie bereits vorher motiviert waren, diese aber nicht konkret in die Tat umsetzen konnten. Das bedeutet, dass in diesem Fall die Einschränkung als motivationaler Anreiz wirken kann (Kap. 5.1).

Reaktanz und „Widerstand" bei den Klienten: In der Erkundungsstudie von Kähler (2005) wurden die Fachkräfte nach von ihnen bei den Klienten beobachteten Formen von „Widerstand, Aggression, Boykott von Hilfsmaßnahmen und andere(n), auch subtile(n) Formen der Entwertung der Arbeit des professionellen Helfers" (Gumpinger 2001, 22) befragt. Zunächst wurden ihnen die aus der Literatur (in Anlehnung an Rooney 2009; Hesser 2001; Conen 2013) bekannten Verhaltensweisen vorgelegt, und sie wurden gebeten, die Häufigkeit einzuschätzen (Mittelwerte in Klammern, 4-stufige Skala [nie, selten, öfter, häufig]. Es sind dies:

- Missverstehen bzw. Nichteinhalten von getroffenen Vereinbarungen (3,1);
- Nichtöffnen der Haustür; Briefe, Telefonate und/oder Termine ignorieren (2,7);
- Eskalieren von Problemen in anderen Bereichen (2,7);

- Resignation, alles über sich ergehen lassen, Passivität (2,6);
- Verbergen von Vorbehalten hinter überschwänglicher Kooperation (2,5);
- Versuche, sich beliebt zu machen, schmeicheln (2,5);
- Einbeziehen anderer, neuer Beteiligter, um von sich abzulenken (2,5);
- der Fachkraft Kompetenz absprechen, Zweifel an Sinn und Zweck äußern (2,5).

Darüber hinaus konnten die Fachkräfte weitere von ihnen beobachtete Verhaltensweisen, die als Widerstand verstanden werden können, benennen. Die Resultate sind in Tabelle 7 zusammengefasst und gruppiert:

Tab. 7: Darstellung der Formen von „Widerstand" der Klienten aus Sicht der Fachkräfte (hervorgehoben sind die Verhaltensweisen, die in der Literatur beschrieben werden)

Gruppe	Verhaltensweisen der Klienten
Probleme bei der Absprache und im Kontakt	– „Missverstehen" oder Nichteinhalten von Vereinbarungen – Nichtöffnen der Haustür, Briefe, Telefonate und/oder Termine ignorieren – Austesten, wie die Regeln sind – Vorgeben, nicht zu verstehen (sprachlich) – Abbruch der Behandlung androhen – Drohung des Beziehungsabbruchs, um Vorteile zu erlangen – Abbruch des Kontakts
externalisierendes Verhalten	– Eskalieren von Problemen in anderen Bereichen – Einbeziehen anderer, neuer Beteiligter, um von sich abzulenken – Ansprechen von Problemen, die allerdings nicht die wesentlichen sind – Rückfälle, um einer Therapie zu entgehen – „Ich kann doch gar nichts dafür" – „Ich wollte ja, aber dann ist folgendes passiert: …" – „Ich kann nicht, weil"-Strategien – Reduktion des Problems auf bestimmte Personen, um selbst nicht mitarbeiten zu müssen
abweichende Sichtweisen zum Problem oder Kontaktanlass	– fehlende Krankheitseinsicht, Selbstüberschätzung – Leugnen des Problems – Überraschung, dass es hier um einen selbst geht
Schwierigkeiten auf der Beziehungsebene	– Verbergen von Vorbehalten hinter überschwänglicher Kooperation – Versuche, sich beliebt zu machen, schmeicheln – der Fachkraft Kompetenz absprechen, Zweifel am Sinn und Zweck äußern – Anpassung an die vermuteten Erwartungen der Sozialarbeiterinnen – Häufiges Androhen von Rechtsanwälten und Presse

Es wird ansatzweise deutlich, mit welchen Klientenreaktionen Fachkräfte rechnen müssen, wenn ihre Handlungsspielräume objektiv oder subjektiv eingeschränkt werden. Typisch für diese Reaktionen ist, dass sie ungeschriebene Regeln des Verkehrs zwischen Menschen (z. B. Nichteinhaltung von Verabredungen, Briefe nicht beantworten) verletzen. Insofern sind sie häufig nicht einfach zu erkennen und zu thematisieren. Es bedarf offensichtlich besonderer Vorbereitungen in der Ausbildung, um angemessene Reaktionen auf diese Verhaltensweisen entwickeln zu können.

Die empirischen Befunde legen nahe, dass Autonomieeinschränkungen vielfältige Reaktionen der Klienten auslösen, die als Ausformungen von Reaktanz interpretiert und teilweise als „Widerstand" bezeichnet werden können. Die Begrifflichkeit des Widerstandes ist nicht unproblematisch, weil sie einerseits etikettierend wirken kann, andererseits systemische Verständnisse diese Verhaltensweisen in relationaler und interaktionaler Weise interpretieren und somit „Widerstand" als vom Betrachter abhängig und aus subjektiver Systemperspektive als Ressource begriffen werden kann (Conen 2013). Auch Miller/Rollnick (2015) haben sich im Vergleich zu den früheren Fassungen ihrer motivierenden Gesprächsführung vom Widerstandsbegriff distanziert und ordnen „Widerstand" einerseits einer Kommunikation des Klienten zu, die sie als „Sustain-Talk" bezeichnen, indem sie Aussagen, welche am Status quo festhalten und diesen verstärken, als „normal" erachten. Andererseits identifizieren sie gewisse Äußerungen als „Dissonanz" (im Original „discord"). „Sustain-Talk" betrifft das Zielverhalten des Klienten, Dissonanz bezieht sich auf den Kontakt zwischen Helfer und Klient (Miller/Rollnick 2015). Die Unterscheidung, ob sich der „Widerstand" auf die Inhalte oder den Helferkontakt bezieht, erscheint hilfreich (wenn auch der Dissonanzbegriff in der Sozialpsychologie anderweitig „besetzt" ist). Dementsprechend unterscheiden Miller und Rollnick ein Stück weit die Strategien, wie mit „Widerstand" umgegangen werden soll (Kap. 6.2).

Dennoch hat sich der Widerstandsbegriff, der ursprünglich aus der Psychoanalyse stammt (Conen 2013), außerhalb der systemischen Beratungsansätze weiterhin gehalten, beispielsweise bei Kanfer et al. (2006), die in ihrer (kognitiv-behavioralen) Selbstmanagementtherapie den Widerstand verstehen als

„eine breite Palette von Klienten-Verhaltensweisen, die im Zuge der therapeutischen Interaktionen auftreten und verhindern, dass bestimmte – zwischen Klienten und Therapeuten vereinbarte – Veränderungsziele erreicht werden. Therapeuten sprechen meist dann von Widerstand, wenn Klienten nicht das tun, was sie von ihnen erwarten" (Kanfer et al. 2006, 406 f.).

Die Gründe für Widerstand lokalisieren Kanfer et al. bei klientenspezifischen Eigenschaften (z. B. lebensgeschichtlichen Erfahrungen, Autonomiebedürfnissen, fehlender Motivation oder störungsbildtypischen Verhaltensweisen), den Eigenschaften und Verhaltensweisen der Therapeuten (indem sie beispielsweise zu wenig Verständnis für die Erfahrungen und die Situation des Klienten aufbringen, eine autoritäre Expertenhaltung einnehmen oder die Autonomie beschränken) oder in Aspekten, die im Veränderungsprozess begründet sind (Stabilisierungstendenz, Angst vor Veränderung, fehlende Anreize, sekundäre Problemgewinne; Kanfer et al. 2006). Winiarski (2012) geht davon aus, dass Widerstand für die Klienten funktional sein kann und sie vor Überforderung, fehlender Zielkongruenz im Beratungsprozess, Dominanzfehlern des Beraters und emotionalen/wertenden Überreaktionen des Beraters schützen kann. Er plädiert dafür, mit dem Klienten zusammen die Funktion des Widerstands zu erkunden, und schlägt dabei methodisch den Einsatz einer Verhaltensanalyse zur Klärung vor. Wichtig sei, dass auch die Klienten ihr Widerstandsverhalten verstehen und einordnen können (Winiarski 2012).

Conen (1999, 287) sieht im ablehnenden Verhalten der Klienten folgende verborgenen Botschaften:

„[Ablehnende Verhaltensweisen] dienen der Aufrechterhaltung des Gefühls der Achtung vor sich selbst,
zeigen Stärke und Entschlossenheit, die die Klienten in anderen Bereichen auch entwickeln könn(t)en,
sind eine – möglicherweise letzte – Möglichkeit, dem Umfeld Grenzen zu setzen, und demonstrieren die Fähigkeit der Klienten, dies tun zu können,
verdeutlichen den Wunsch, eigene Vorstellungen der Problemlösung umzusetzen,
dienen dem Schutz vor Hoffnung und vorweggenommener abermaliger Enttäuschung."

Der Umgang mit „Widerstand" wird in Kap. 6.2 vertieft. Zuerst soll der Blick auf die Fachkräfte gelegt werden: Wie gehen sie mit den eingeschränkten Handlungsspielräumen in Zwangskontexten um?

Reaktionen der Fachkräfte auf eingeschränkte Handlungsspielräume: Der Zwangskontext sorgt dafür, dass sich viele Fachkräfte selbst unter Druck gesetzt fühlen und es nicht einfach ist, unter diesen Bedingungen eine Beziehung aufrechtzuerhalten (Vogt 2012). Für Fachkräfte gilt offenbar ähnlich wie für Klientinnen, dass ihre Autonomie eingeschränkt ist, wenn sie in Zwangskontexten tätig sind — insofern lassen sich reaktanztheoretische Überlegungen auch auf die Situation von Fachkräften in Zwangskontexten anwenden. Neben den offenbar besonderen Belastungen, die sich aus der Entstehung der Kontakte und aus den Verhaltensweisen der betroffenen Klientinnen ergeben, spielen für die reservierte bis ablehnende Haltung vieler Fachkräfte andere Umstände eine Rolle, auf die näher eingegangen werden soll.

Rooney (2009) macht darauf aufmerksam, dass viele Fachkräfte in Einrichtungen mit fremdinitiierten Kontakten ebenfalls nicht von sich aus, sondern durch besondere Umstände in diesen Arbeitsbereich gekommen sind: Der eingeschränkten Wahlmöglichkeit der Klientinnen entspricht offenbar häufig eine eingeschränkte Zuordnung der professionellen Helfer. Viele Helfer wünschen sich, eher mit Klientinnen zu arbeiten, die von sich aus Interesse an einer Zusammenarbeit entwickeln und nicht von außen dazu überredet, gedrängt oder gezwungen werden. Allerdings muss auch bedacht werden, dass eine Einschränkung der Wahlmöglichkeiten bei der Arbeitsplatzsuche nicht zwingend Reaktanz hervorruft. Viele Fachkräfte werden sich möglicherweise einen Arbeitsplatz mit weniger Klientinnen in Zwangskontexten gewünscht haben, nach Aufnahme der Arbeit aber gerade diese Aufgaben als besonders herausfordernd und lohnend empfinden. Floyd Taylor (2005) hat in ihrer Untersuchung bei klinischen Sozialarbeitern in den USA festgestellt, dass die Zustimmung zur Arbeit in Zwangskontexten mit der längeren Arbeitserfahrung in diesem Feld zunimmt. Allerdings wäre es denkbar, dass mit fortschreitender Zeit nur noch jene Fachkräfte in Zwangskontexten verbleiben, die schon von Beginn an mit diesen Klienten arbeiten wollten.

Es gibt auch Hinweise, dass professionelle Helfer bewusst und gezielt Arbeitsplätze anstreben, die in Zwangskontexten verortet sind oder in denen Zwangselemente zum methodischen Repertoire gehören. Schwabe (2012, 75) führt (für pädagogische Zwangskontexte) aus, dass den unterschiedlichen Typen von gezwungenen Klienten auf der anderen Seite auch verschiedene Typen von Fachkräften als „Kontrolleure" gegenüberstehen. Er vermutet die folgenden Ausprägungen:

- *„ängstlich, unsicher-vermeidend*
- *kumpelhaft, verleugnend*
- *zwanghaft, verfolgend (sadistisch)*
- *reaktiv-impulsiv, Machterhalt-orientiert*
- *abwertend, Macht-orientiert, eigene Aggressionen verleugnend*
- *gekonnt, angemessen, variabel"*

Eine weitere Abklärung der Motive der Fachkräfte für die spezifische Wahl des Zwangskontextes und ihre generelle Berufsmotivation für die Soziale Arbeit sind für die Weiterentwicklung der Sozialen Arbeit in diesem Bereich von besonderer Bedeutung. Diese nicht unproblematischen Aspekte geben zudem Hinweise für die Personalauswahl, Supervision und kollegiale Ansprache.

Insbesondere dann, wenn bei von außen initiierten Kontakten Klienten ohne Einsicht und Motivation erscheinen, wirkt dies auf die Fachkräfte irritierend, manchmal geradezu entwertend und verletzend. Dies gilt insbesondere dann, wenn die Fachkräfte sich in Anbetracht des Ausmaßes erkennbarer Probleme besonders engagieren und versuchen, alle Hebel in Bewegung zu setzen, damit positive Veränderungen in der Lebenslage des Klienten eintreten. Reagieren Klienten dann nicht in der erhofften Weise, sind Enttäuschungen vorprogrammiert (Rauchfleisch 2001). Auch der Eindruck, von einigen dieser Klienten funktionalisiert, d. h. ausgenutzt und für andere Zwecke eingespannt zu werden, spielt eine Rolle. In der Erkundungsstudie (Kähler 2005) stellt sich heraus, dass dieser Aspekt in Einrichtungen mit überwiegenden Netzwerkeinflüssen am höchsten ist (n=87). Umso wichtiger scheint es hier zu sein, die Erwartungen des Netzwerks zu Beginn des Kontaktes genau zu erkunden (Kap. 5.6).

In Anbetracht häufig vorzufindender Äußerungen eines „resignativen Lebensgrundgefühls" bei den betroffenen Klienten liegt die Gefahr nahe, dass Fachkräfte im Sinne einer Gegenübertragungsreaktion ebenfalls resignieren oder Ärger und Wut gegenüber der Passivität ihrer Klienten empfinden (Rauchfleisch 2001). In der Studie von Kähler (2005) konnte dies im Durchschnitt bei den befragten Fachkräften (n=87) nur selten beobachtet werden.

Je stärker der Kontrollcharakter der Begegnung mit Klienten ausgeprägt und je stärker die Initiative durch rechtliche Vorgaben geregelt ist, umso genauer und differenzierter ist die formale Seite des Vorgehens festgelegt. Im Gegensatz dazu bleibt die schwierige inhaltliche Auslegung (z. B. bei der Bestimmung der Gefährdung des Kindeswohls, Gefährlichkeit eines geistig abnormen Rechtsbrechers) offen und belastet die Fachkraft mit erheblicher Verantwortung in Anbetracht der gravierenden Konsequenzen, die sich aus der konkreten Handlung ergeben (Wagner/Russinger 2002). Das Risiko, falsch zu entscheiden, ist nie von der Hand zu weisen, und stellt eine erhebliche Belastung dar, die in Verbindung mit anderen Umständen mit Sicherheit dazu beiträgt, dass ein derartiger Arbeitsplatz im Vergleich zu anderen Stellen weniger attraktiv wirkt. In diesem Zusammenhang sind auch interdisziplinäre Aspekte und die Frage der Interprofessionalität Sozialer Arbeit in Zwangskontexten relevant. So stellt sich die Frage, ob es den Fachkräften gelingt, auch in Anwesenheit von anderen Professionen und hohem Entscheidungsdruck ihre eigene Fachlichkeit zu erhalten. Diesbezügliche qualitative Befunde zum Umgang mit Kindeswohlgefährdung zeigen kritische Ergebnisse, die weiter zu prüfen wären (Bohler/Franzheld 2010; Retkowski et al. 2011).

Folgerungen für die Fachkräfte: Es ergeben sich folgende eindeutige Befunde: Soziale Arbeit in Zwangskontexten stellt für die Fachkräfte eine starke Belastung dar. Die Anforderungen sind hoch, die Arbeit „kratzt" am beruflichen Selbstbild und bringt darüber hinaus eher scheele Blicke denn Anerkennung ein. Allerdings sind diese Tendenzen ungleich verteilt und u.a. abhängig von der Art der Einrichtung. Die Tendenz zum Burn-out-Syndrom oder die Sehnsucht nach einem anderen Arbeitsplatz sind naheliegend. In Übereinstimmung mit der Literatur zu Burn-out-Phänomenen (Rösing 2003) diskutiert Rooney (2009) drei Faktoren, die das Risiko des Ausbrennens in Zwangskontexten beeinflussen: Aufseiten der Klienten sind dies etwa die Komplexität der Probleme, bei denen – auf der Basis häufig dürftiger Informationen – gravierende Entscheidungen getroffen werden müssen, ihre Chronizität, die geringen Aussichten auf positive Änderungen oder die oftmals ablehnende Einstellung bei den Klienten. Aufseiten der Fachkräfte sind all die Faktoren im Spiel, die aus der Burn-out-Forschung bekannt sind wie starkes Engagement, Ungeduld, Bedürfnis nach Anerkennung durch Arbeitserfolge, Dominanz der Arbeit über das Privatleben. Schließlich spielen die organisatorischen Rahmenbedingungen eine Rolle, beispielsweise das Ausmaß des direkten Klientenkontaktes, der Umfang von Unterstützung durch Kollegen und Vorgesetzte sowie die Klarheit bzw. Ambiguität der beruflichen Aufgabenstellung. Außerdem muss festgehalten werden, dass Zwangskontexte erhebliche emotionale Belastungen oder gar Traumatisierungen bei den Fachkräften auslösen können (Rooney 2009). Wie die Fachkraft mit den belastenden Umständen, aber auch etwaigen Chancen der beruflichen Situation in Zwangskontexten umgeht, hängt von ihren Werten und Überzeugungen, ihrer beruflichen Biografie und ihren Lebenserfahrungen ab (Trotter 2001; Bearbeitung von dysfunktionalen Haltungen bei Therapeuten und Beratern: Hoffmann/Hofmann 2012).

Die komplexen Anforderungen an die Fachkräfte in Zwangskontexten und die mit dem doppelten (oder dreifachen) Mandat verbundenen Paradoxien verlangen unseres Erachtens nach systematischen Reflexionen, sei dies im Rahmen von kollegialer Beratung oder Supervision. Allerdings ist anzumerken, dass externe (womöglich fachfremde und/oder in „freiwilligen" Settings sozialisierte) Supervisorinnen, die mit Zwangskontexten und ihren besonderen methodischen Anforderungen nicht vertraut sind, für diese Aufgabe ungeeignet sind.

6.2 Umgang mit „Widerstand"

Die obigen Überlegungen weisen darauf hin, dass die reflexive Auseinandersetzung der Sozialpädagoginnen eine Basis dafür ist, wie mit Formen der Reaktanz bei den Klientinnen umgegangen werden kann. Für Fuller/Taylor (2012, 143) ist Widerstand „ein Zeichen dafür, dass Sie Ihr Vorgehen ändern müssen […]". In der motivierenden Gesprächsführung schlagen Miller/Rollnick in einer früheren Fassung des Ansatzes (2009) acht (aus unserer Sicht sehr praxistaugliche) Strategien vor, um auf „Widerstand" zu reagieren:

1. Einfache Reflexion
„Als Grundregel gilt, Widerstand nicht mit Widerstand zu begegnen" (Miller/Rollnick 2009, 141). Vielmehr soll der Berater die Gefühle, Wahrnehmungen und Aussagen des Klienten versuchen zu verstehen und sie zu reflektieren.

2. Verstärkte Reflexion
Damit meinen Miller/Rollnick, dass die Aussagen, die als Widerstand verstanden werden, zurückgespiegelt und verstärkt oder überzogen werden sollen. Dies soll den Klienten ermutigen, sich zu distanzieren oder seine Ambivalenzen kundzutun.

3. Doppelseitige Reflexion
Durch eine reflektierende Reaktion sollen beide Seiten der Ambivalenz, die in einer „widerständigen" Aussage liegen, gegenübergestellt werden, z.B. „Einerseits wissen Sie, dass Sie ein richtiges Problem haben, und dass ich Ihnen dabei helfen möchte und andererseits sind meine Vorschläge nicht akzeptabel für Sie" (Miller/Rollnick 2009, 144).

4. Fokus verändern
Es soll versucht werden, eine Blockierung zu vermeiden und das Thema, welches Widerstand auslöst, zurückzustellen oder zu entschärfen. Gleichzeitig soll der Fokus auf ein Thema gerichtet werden, welches einfacher zu bearbeiten ist.

5. Umformulierung
Der Berater versucht, einerseits die Wahrnehmung der Person zu erwidern und gleichzeitig einen neuen Blickwinkel einzuführen, der Veränderungen wahrscheinlicher macht.

6. Zustimmung mit einer Wendung
Hierbei handelt es sich um eine Reflexion (Strategie 1) in Kombination mit einer Umformulierung (Strategie 5): Zunächst wird der Position des Klienten zugestimmt, aber anschließend wird die Richtung der Betrachtung geändert.

7. Betonung der persönlichen Wahlfreiheit und Kontrolle
Bei dieser Strategie wird versucht, die Autonomie des Klienten herauszuarbeiten. Teilweise entsteht Widerstand in subjektiv wahrgenommenen Einschränkungen, die objektiv nicht vorhanden sein müssen.
8. Zur Seite treten
Hierbei wird in paradoxer Weise versucht, ein Argument gegen die Veränderung zu suchen. Das Ziel dabei ist es, dass bei Klienten eine Ambivalenz entsteht, die den Veränderungsprozess anstoßen kann, wobei Miller/Rollnick darauf hinweisen, dass paradoxe Interventionen mit Vorsicht einzusetzen sind (Miller/Rollnick 2009, 150 f; vgl. zur Ambivalenzklärung auch Kapitel 7.5).

In der aktuellen Fassung der motivierenden Gesprächsführung, in der die Autoren zwischen „Sustain-Talk" und „Dissonanz" als zwei Formen von „Widerstand" (der nicht mehr als solcher bezeichnet wird) unterscheiden, wird vorgeschlagen, auf „Sustain-Talk", d. h. Äußerungen, die am Status quo festmachen (oder eben die „guten Gründe" für das Problem sind, Kap. 5.3), mit den Gesprächsformen zu reagieren, die oben eingeführt worden sind (in der aktuellen Fassung aber etwas anders bezeichnet werden, Miller/Rollnick 2015). Das Ziel all dieser Reaktionen ist es, keinen weiteren „Sustain-Talk" zu provozieren, dafür Ambivalenzen entstehen zu lassen und Klienten in den „Change-Talk" zu begleiten. Dies hat eine inhaltliche Seite, wie sie bereits in Kap. 5.4. als Motivationsförderungstechnik aufgegriffen worden ist, aber sie konstituiert zusätzlich eine Beziehungsstrategie: Als Sozialarbeiter reagiere ich – in der Beziehung – nicht auch „widerständig", sondern versuche, durch meine Nachfragen, Reflexionen und „Wendungen" den Blick des Klienten auf die Veränderungen, den „Change", zu lenken. Dies strukturiert die Arbeitsbeziehung in konstruktiver Weise und ermöglicht eine größere Autonomie des Klienten innerhalb der schon beschränkten Handlungsspielräume.

Den „Widerstand", der sich eher auf die Helferbeziehung bezieht, verstehen Miller/Rollnick als „Rauchmelder" (2015, 240–241), auf dessen Alarmsignal unbedingt reagiert werden muss:

„Rauchmeldersignale"

Verteidigungsmanöver: Bagatellisierungen, Externalisierungen (zu kognitiven Verzerrungen: Kap. 5.3)
Offensivmanöver: Destruktive oder aggressive Äußerungen gegenüber dem Sozialpädagogen (z. B. „Sie haben mir nicht zu sagen, was ich tun soll." Oder: „Sie wissen nicht, wovon Sie reden.")

Unterbrechen: Die Klientin fällt dem Sozialpädagogen immer wieder ins Wort, beispielsweise mit dem Satz: „Sie kapieren das nicht."
Distanzierung: Rückzug der Klientin, Unaufmerksamkeit, Ablenkung oder Ignorierung

Die Ursachen dieser Widerstandsformen stehen Miller/Rollnick (2015) weniger reaktanztheoretisch, sondern als Fehler in der Gesprächsführung (mangelndes Zuhören, Dominanzanspruch der Sozialarbeiterin, Defizit- und Diagnosezuschreibungen, zu schnelle Vorgehensweise [beachte: stufengerechte Intervention in Kap. 5.2] oder fehlende Kooperations- und Partizipationsorientierung). Neben den bereits erwähnten Strategien zum Umgang mit „Widerstand" schlagen Miller/Rollnick vor, die Partnerschaftlichkeit der Arbeitsbeziehung zu betonen, die Klientenautonomie anzuerkennen und den Klienten nicht zur Verteidigung des Status quo herauszufordern. Zudem seien ggfs. Entschuldigungen und Würdigungen gegenüber dem Klienten anzeigt (Miller/Rollnick 2015).

Ergänzend dazu bieten sich zum Umgang mit Widerstand weitere Haltungen und Verhaltensweisen an. Zentral bleibt der Umstand, dass Widerstand nicht von allein verschwindet, sondern aktiv bearbeitet werden muss (Hesser 2001), und in Anwendung der Reaktanztheorie sei darauf hingewiesen, dass alle Strategien, welche die Klientenautonomie erhöhen, die Handlungsspielräume erweitern oder die Autonomieeinschränkung begrenzen, die problematischen Reaktanzphänomene reduzieren können.

Richtlinien für den Umgang mit Klienten
- „Geh davon aus, dass Reactance eine normale Reaktion ist."
- „Hilf, wo immer dies unter den gegebenen Umständen möglich ist, die Freiheit tatsächlich zurückzuerlangen."
- „Mache einen Kontrakt, um die Freiheit zu einem gegebenen Zeitpunkt wiederherzustellen."
- „Benenne die spezifischen Aufgabenbereiche, an denen in diesem Kader gearbeitet werden muss."
- „Richte Verhalten und Aufmerksamkeit auf die Situation und weniger auf die Person."
- „Vermeide Etikettierung."
- „Benenne die verbliebenen Wahl- und Entscheidungsmöglichkeiten, die von der Maßnahme nicht angetastet werden."
- „Plane kleine, erreichbare Schritte."
- „Belohne/würdige Versuche in die gute Richtung und Resultate."

6.3 Beziehungsdynamiken und Beziehungsprinzipien

Zunächst werden beispielhafte Beziehungsdynamiken in Zwangskontexten betrachtet, welche im Rahmen der professionellen Beziehungsgestaltung durch die Fachkräfte antizipiert werden können. Danach werden die aus der psychosozialen Beratung bekannte Grundvariable „Empathie" für die Belange des Zwangskontextes genauer beleuchtet und Ausführungen zu den Prinzipien der Beziehungsgestaltung in Zwangskontexten gemacht.

Beziehungsdynamiken: Doppelte Ohnmacht: Mey hat im Rahmen einer Kindesschutzstudie in der Schweiz die Dynamiken zwischen den Eltern und den Sozialarbeitern in Zwangskontexten untersucht und dabei ein Muster der „doppelten Ohnmacht" herausarbeiten können (Mey 2008, 143 ff.). Es hat sich gezeigt, dass die Eltern teilweise mit hohen Erwartungen an die Lösungskompetenz der Fachkräfte in das Zwangskontextsetting eingestiegen sind. Diese Erwartungen sind vor dem Hintergrund des Autonomieverlustes der Eltern zu verstehen, d. h. dass Eltern, welche die Autonomie für die Erziehung ihrer Kinder ansatzweise an die Fachkräfte abgeben, im Gegenzug eine hohe Wirkung durch die Fachkräfte erwarten. Mey rekonstruierte in dieser Konstellation eine Enttäuschung der Eltern und das Erleben von Ohnmacht, weil ihre Erwartungen nicht erfüllt werden konnten. Bei den Fachkräften zeigte sich, dass mangels Zeitressourcen, wegen komplexer Problemlagen und der teilweise nur schwer Steuerbarkeit der Fälle ebenfalls ein Ohnmachtserleben eintrat und sich die Fachkräfte – genauso wie die Klienten – aus dem Prozess und der Beziehung mit den Klienten zurückgezogen haben. Diese Enttäuschungen und Frustrationen, die vermutlich aufgrund von diffusen und ambivalenten Erwartungen gegenüber den Fachkräften entstanden sind, konnten ebenfalls im Rahmen eines studentischen Projektes an der Hochschule Luzern im Frühjahrssemester 2016 im Rahmen von qualitativen Interviews mit Zwangskontextklienten gefunden werden.

Für die Beziehungsgestaltung lässt sich aus den Befunden u.a. schlussfolgern, dass der Auftrags- und Rollenklärung zusammen mit der Klärung der Erwartungen der Klienten eine hohe Aufmerksamkeit geschenkt werden muss (Kap. 4). Darüber hinaus wird deutlich, dass diese Form der Klärung nicht nur auf rollenbezogene und kognitiv verstehbare und/oder kommunizierbare Inhalte der Beratung beschränkt ist, sondern sich die Rolle zusätzlich in einer spezifischen und für die Klienten positiv erlebbaren Form der Beziehungsgestaltung zeigen muss. Der Fachkraft muss es gelingen, ihren Beziehungsanteil und -einfluss so zu dosieren, dass die Klienten die Beziehung weder als dominierend noch als paternalistisch noch als entmündigend erleben. Miller/Rollnick (2015, 18 f.) schlagen einen „geleitenden" Stil vor, der sich zwischen dem eher direktiven, „leitenden" Stil auf der einen Seite und dem „folgenden" Stil, der sich primär nach den Wünschen des Klienten richtet, auf der anderen Seite, in der Mitte positioniert. Eine sorgfältige Sprachwahl und ein fragender, entdeckender Gesprächsstil (Mayer 2009) können methodische Elemente darstellen, um dies zu verwirklichen. Diese professionelle Beziehungsform ist besonders sensibel für Eingriffe in die Autonomie, und sie ist charakterisiert durch einen wertschätzenden und ressourcenorientierten Modus der Fachkraft.

Ebenfalls lässt sich aus der Dynamik der doppelten Ohnmacht methodisch ableiten, dass die Sozialpädagoginnen auf Rückzüge, Frustrationen und Enttäuschungen der Klientinnen sensibel reagieren müssen. Und sie sollten – wie bereits mit dem Thema „Widerstand" angesprochen – davon ausgehen, dass die Problematik nicht von allein verschwindet und sie nicht mit dem eigenen Rückzug bewältigt werden kann. Vermeintlich ressourcenorientierte oder autonomierespektierende Haltungen, wie etwa die Annahme, dass die Klientin „im Moment signalisiert, dass sie nichts von mir möchte oder mein Hilfeangebot nicht annehmen möchte oder kann", was durch passives Verhalten der Fachkraft „beantwortet" werden soll, sind nicht gefragt. Vielmehr gilt es, im Sinne einer guten Beziehungsdiagnostik den „Rauchmelder" (Kap. 6.2) wahrzunehmen, dazu Hypothesen zu bilden und gezielt zu reagieren.

Implizite Beziehungsregeln: Mayer (2009) charakterisiert Beziehungsregeln als ein Bündel von Erfahrungen, Erwartungen und Wertvorstellungen, die bei der Bildung einer Beziehung entstehen und durch Lernprozesse gefestigt werden. In Zwangskontexten ist festzustellen (was Mayer für die Bewährungshilfe genauer ausführt), dass es Sozialarbeitende anfänglich vermeiden, die problematischen Themen (z.B. Delikte) direkt anzusprechen, weil die Fachkräfte – mit der Idee des „Beziehungskredits" (Sachse 2006) – zunächst ein positives „Beziehungsguthaben" aufbauen wollen, damit im späteren Beratungsverlauf die „heiklen" Themen fokussiert werden können. Diese Vorgehensweise schafft möglicherweise eine implizite Beziehungsregel, die heißt: „Der Sozialarbeiter lässt mich in Ruhe." Wenn im späteren Verlauf die Deliktsthematik durch den Sozialarbeiter angesprochen wird, wird diese implizite Beziehungsregel gebrochen. Der Klient kann (nachvollziehbar) enttäuscht oder brüskiert reagieren, weil seine Regel verletzt worden ist.

Aus Mayers Ausführungen lässt sich methodisch ableiten, dass die Fachkräfte darauf achtgeben müssen, welche Formen der Interaktion sich als „Beziehungsregeln" etablieren und durch Lernprozesse gefestigt werden sollen.

> **BEISPIEL**
>
> Sozialarbeiterin Frau P. führt in der **Jugendgerichtshilfe** ein schwieriges Gespräch mit den Eltern einer straffällig gewordenen Jugendlichen. Sie bemerkt, dass die Situation den Eltern sehr unangenehm ist, und versucht zu Beginn der Besprechung, den Blick vor allem auf gut funktionierende Dinge in der Familie zu lenken. Die verunsicherten Eltern sind einerseits etwas irritiert, dass die vielen Diebstähle der Tochter im Moment nicht thematisiert werden, andererseits sind sie erleichtert, von den letzten positiv verlaufenden Familienferien berichten zu können. Nachdem sich die Situation entspannt hat, konfrontiert die Fachkraft die Eltern mit den Straftaten der Tochter und den anstehenden Schritten der Jugendgerichtshilfe. Die Eltern sind empört, dass nun der „Wind gedreht hat", brechen das Gespräch ab und wollen nur noch mit dem Anwalt vorbeikommen.

Das Beispiel illustriert auch den Modellcharakter der Beziehungsgestaltung durch die Sozialarbeiterin: Unangenehme Dinge werden nicht sofort angesprochen (beachte dazu die Ausführungen zur prosozialen Beziehungsgestaltung in Kap. 6.4).

Verantwortungsumkehr: Mayer (2009) verweist auf die Dynamik der Verantwortungsumkehr, welche auf dem Hintergrund der Annahme, dass die Person, die weniger von der Beziehung will, in einer Beziehung am „längeren Hebel" sitzt. Oder für Zwangskontexte gesprochen: Der Klient, der nichts verändern möchte, hat — bezogen auf diesen Umstand — in der Beziehung mehr Macht als die Fachkraft (zur Machtthematik: Kap. 2.4). Dies kann zu folgender Dynamik führen:

> *„Je wichtiger es für den Berater ist, auf den Klienten Einfluss nehmen zu können und etwas zu bewegen, und je weniger Interesse der Klient an dem Kontakt und dem Arbeitsziel hat, desto stärker kippt die Machtbalance in der Beziehung" (Mayer 2009, 218).*

Als Ergebnis übernimmt die Fachkraft die Verantwortung für die Veränderungen und die Erfolge des Kontaktes. Sie verstärkt ihr Engagement, während der Klient gleichzeitig in einer passiveren Rolle verharren und die Lösungsvorschläge der Fachkraft dauernd kritisch hinterfragen oder sich einer Lösung verweigern kann. Die Fachkraft wird sich in dieser Dynamik immer stärker unter Druck setzen oder möglicherweise wiederum mit mehr Druck und Zwang reagieren (Retkowski et al. 2011).

BEISPIEL

Die **Dynamik der Verantwortungsumkehr** lässt sich in Beratungshospitationen oder auf Videoaufzeichnungen in der Körpersprache der Beteiligten beobachten: Die Klientin lehnt sich immer mehr zurück, rutscht mit dem Stuhl zentimeterweise von der Sozialarbeiterin weg, weicht mit den Blicken aus, irgendwann kann sie die Beine verschränken, später die Arme, und wendet sich körperlich sukzessive von der Fachkraft ab. Die Fachkraft beginnt, sich nach vorne zu neigen, ihre Hände auszustrecken, und versucht, die sich zurückziehende Klientin geradezu mit den Händen zurückzuhalten. Diese Dynamik kann sich auch in der Stimmlage und Lautstärke sowie im Gesprächsanteil zeigen: Je mehr sich die Klientin zurückzieht, desto intensiver beteiligt sich die Fachkraft.

Diese blockierende Dynamik kann verhindert werden, wenn die Beziehungsvorstellung der Fachkraft nicht davon geprägt ist, dass sie – kraft des ihr übertragenen Mandates – unter allen Umständen die volle Verantwortung für die Ergebnisse der Zusammenarbeit übernehmen muss. Vielmehr sollte sich in der Auftrags- und Rollenklärung sowie im konkreten Beratungsverhalten und der Beratungsbeziehung trotz des Zwangskontextes zeigen, dass der Klient die eigentliche „Hauptperson" des Prozesses darstellt und es zu einem gewichtigen Teil an ihm liegt, Veränderungen umzusetzen (Koproduktion). Gleichzeitig kann mit einer ausgeprägteren ressourcenorientierten Haltung erreicht werden, dass Klienten für Veränderungen befähigt werden. Wenn nicht die Fachkräfte alles, was in einem Beratungsprozess ansteht, gleich selbst erledigen, sondern die Klienten befähigen, dies autonom zu tun, kann sich eine Beziehungsform etablieren, in der sich die Abhängigkeit von der Kompetenz der Fachkraft Schritt für Schritt reduzieren lässt. Das wiederum erhöht die Selbstwirksamkeit der Klienten und ihre intakte Selbstregulation (hier: die Befriedigung des Kontrollbedürfnisses). Die Dynamiken der Verantwortungsumkehr können zusätzlich mit der aktiven Tätigkeitsdelegation an die Klienten verhindert werden. So können beispielsweise die Klienten während des Beratungsprozesses ein Journal oder eine To-do-Liste führen, die jeweils mit der Fachkraft besprochen wird, oder es werden gezielte „Hausaufgaben" zwischen den Gesprächen besprochen und umgesetzt. Als Faustregel gilt: Verlässt die Klientin das Gespräch in Zwangskontexten ohne nächste Schritte, „Hausaufgaben" oder Ähnliches, während die Fachkraft eine lange Liste mit Telefonaten, Anträgen und Abklärungen zu tätigen hat, könnte die Dynamik der Verantwortungsumkehr gegriffen haben.

Grundvariable „Empathie": Grundsätzlich wird es jede Fachkraft bejahen, dass auch in Zwangskontexten den Klienten Empathie entgegengebracht werden soll. Nach Stumm (2002, 260) ist Empathie ein „unabdingbares Wesensmerkmal eines hilfreichen Beziehungsangebots in Psychotherapie und Beratung. […] Es handelt sich dabei um ein Einfühlen, ein Sichhineinversetzen in die Gefühls- und Gedankenwelt einer Hilfe suchenden Person […]". Inwieweit dann allerdings Empathie bei Personen sinnvoll ist, die andere Menschen womöglich gefährden, und ob damit nicht unerwünschte Verstärkungseffekte auftreten können, bleibt zu klären.

Bei vielen Klienten in Zwangskontexten mit Erscheinungsformen nicht tolerierbaren Verhaltens würde Empathie die Fachkräfte tendenziell zu Komplizen machen:

„TherapeutInnen, die in Zwangskontexten ihre Arbeit tun, sehen sich nicht selten in dem Dilemma, entweder durch Ausüben sozialer Kontrolle das Vertrauen der Klienten aufs Spiel zu setzen oder mit Empathie zu verantwortungslosen Zuschauern zu werden" (Pleyer 1996, 186).

Nun kann diese Feststellung nicht bedeuten, dass jegliche Empathie in Zwangskontexten unangebracht ist. Eine empathiegestützte Rekonstruktion der Lebenswelt des Klienten ist auch hier wesentliches methodisches Rüstzeug. Entscheidend sind vielmehr die kontrollierte Anwendung von Empathie und deren Beschränkung auf positive Ansätze bei Veränderungen des Klienten (Stichwort prosoziales Verhalten). Einfühlungsvermögen und damit verbundenes Äußern von Verständnis für gravierend kriminelles und gefährliches Verhalten sind hingegen kontraindiziert (Trotter 2001; ebenfalls Wagner/Russinger 2002). Hier gilt es vielmehr, den Klienten mit den schädlichen Folgen seines Tuns zu konfrontieren.

In der Erkundungsstudie von Kähler (2005) hat die Hälfte der befragten Fachkräfte angegeben, dass die Kontrolle der eigenen Empathie in solchen Fällen schwer zu verwirklichen ist. Insbesondere wenn Klienten in Zwangskontexten gravierend inakzeptables Verhalten zeigen oder keine Verantwortung für ihre Anteile an problematischen Entwicklungen und Handlungen übernehmen, sind besondere Verhaltensweisen gefragt, die sich von anderen Arbeitssituationen in der Sozialen Arbeit deutlich unterscheiden. Offensichtlich ist es erforderlich, Position zu beziehen und klare Grenzen abzustecken. Dies wird bereits durch die häufig Verantwortung abwehrende Art des Sprechens über problematische Sachverhalte notwendig, die für viele Klienten in Zwangskontexten charakteristisch ist. Sich in solchen Situationen nicht auf den Klienten einzulassen und sich nicht auf die Sprachebene der Verantwortungslosigkeit vieler Klienten in

Zwangskontexten zu begeben, sondern ein klares und eindeutiges Nein entgegenzusetzen, scheint die schwierige, aber erforderliche Handlungsmaxime dieses Berufes zu sein (Pleyer 1996).

Diese differenzierte Form des Ausdrucks von Empathie soll mit dem von Trotter (2001) dargestellten Beispieldialog gezeigt werden, der hinsichtlich der Reaktionsmöglichkeiten des Sozialarbeiters aus unserer Perspektive erweitert wird. Die Situation handelt von einer jungen Drogenkonsumentin in der Bewährungshilfe:

> **Klientin:** „Ich habe es satt. Ich habe kein Geld. Ich kann die Miete nicht zahlen, und ich brauche einen Job. Aber es gibt nirgendwo Jobs. Ich werde etwas tun müssen" (Trotter 2001, 245).

Eine undifferenzierte und für den Zwangskontext ungeeignete Form der Empathie wäre vielleicht:

> **Sozialarbeiter:** „Sie machen sich Sorgen, weil Sie aufgrund Ihrer Arbeitslosigkeit kein Geld haben und die Miete nicht bezahlen können. Sie haben das Gefühl, dass alles im Moment hoffnungslos ist."

Damit würde der Sozialarbeiter zwar auf die belastende Lage, in der sich die Klientin befindet, eingehen und seine Einfühlung kundtun. Allerdings scheint die Situation hinsichtlich der Legalbewährung der Klientin und der Möglichkeit, erneut zu strafbaren Lösungsstrategien zu greifen, riskant zu sein. Der Sozialarbeiter lässt die Klientin damit mit ihrem Dilemma sowohl emotional als auch kognitiv bezogen auf mögliche Auswege allein. Der in der Praxis häufiger geäußerte Satz „Es liegt in Ihrer eigenen Verantwortung, ob Sie sich wieder strafbar machen!" hilft hier auch nicht weiter. Im Gegenteil: Diese zwar objektiv korrekte, aber wenig empathische Reaktion kann verstärkt dazu führen, dass sich die Klientin nicht ernst genommen fühlt, sich zurückzieht und den Sozialarbeiter nicht als „wirklichen" Helfer, sondern eher als moralisierenden und distanzierten Kontrolleur erleben wird. Eine für den Zwangskontext angepasste, differenzierte Form des Ausdrucks von Empathie wäre vielleicht:

> **Sozialarbeiter:** „Sie klingen, als ob Sie ziemlich verzweifelt wären. Keine Arbeit und kein Geld – das sind echte Probleme. Ich bin froh, dass Sie mir davon erzählen. Ich möchte Ihnen helfen, diese Probleme zu lösen, soweit ich das kann" (Trotter 2001, 245). „Stehen diese Probleme vielleicht mit Ihrem Drogenkonsum im Zusammenhang? Ist der Drogenkonsum für Sie ein Problem, wenn Sie kein Geld haben? Was gäbe es für andere Möglichkeiten, aus dieser schwierigen Situation auszusteigen, ohne sich strafbar zu machen?"

Mit dieser Reaktion schafft es der Sozialarbeiter vielleicht, der Klientin mit der erforderlichen Empathie gegenüberzutreten und gleichzeitig auf die Problematik dieser Situation hinzuweisen. Wenn es Fachkräften gelingt, in solchen Konfliktsituationen mit den Klienten zusammen sozialverträgliche Lösungsstrategien zu erarbeiten, kann der Anspruch, professionelle Hilfe auch unter Bedingungen der Fremdbestimmung zu leisten, eingelöst werden. In den Evaluierungsstudien der motivierenden Gesprächsführung hat sich gezeigt, dass Empathie zudem eine motivierende Wirkung auf die Klienten hat und der „Specific Spirit" der Beziehungsgestaltung neben gezielten Techniken vermutlich den Erfolg motivierender Techniken ausmacht (Lundahl et al. 2010).

Beziehungsprinzipien: Mayer (2009) schlägt weitergehend zur Empathie verschiedene Prinzipien vor, mit denen die Beziehung zwischen Klienten und Fachkräften in Zwangskontexten gestaltet werden kann und die erste Anregungen geben.

Transparenz und Überprüfbarkeit: Nicht nur Auftrag, Rollen und Rahmenbedingungen sollen transparent gemacht werden, auch die Art der eingesetzten Techniken, schlussendlich das gesamte „Wie" der Zusammenarbeit. Mayer regt an, die Klienten aufzufordern, die offengelegten Schritte und Vereinbarungen aktiv daraufhin zu prüfen, ob sie eingehalten wurden. „Auf diese Weise wird der Klient in die Verantwortung für einen gemeinsamen Arbeitsprozess einbezogen und das Einhalten getroffener Abmachungen wird zur zentralen ‚Spielregel' der Arbeitsbeziehung gemacht" (Mayer 2009, 219). Sollte der Klient dies für seine Zwecke instrumentalisieren, sei eine offene Thematisierung notwendig.

Explizite Widerstandsakzeptanz: Hierbei geht es weniger darum, offenes Widerstandsverhalten zu akzeptieren, sondern Widerstandsphänomene als Teil dieser Beziehungsdynamik zu verstehen, gelassen darauf zu reagieren und sie zu akzeptieren. Mayers Vorschlag scheint für das Selbstverständnis der Fachkraft und die Selbstfürsorge von hoher Bedeutung zu sein: Wenn ich davon ausgehe, dass das Widerstandsverhalten meiner Klienten „normal" ist, verhindere ich eine unangemessene Beziehungserwartung an sie, beispielsweise indem ich denke, die Klienten müssten sich über meine Hilfe freuen und/oder im Kontakt mit mir Offenheit, Dankbarkeit und Sympathie ausdrücken. Zudem wird dem Klienten signalisiert, dass ich mich trotz seines Widerstands auf die Beziehung mit ihm einlassen will und nicht erwarte, dass er dieses den Beratungsprozess erschwerende Verhalten umgehend aufgibt.

Freundliche Hartnäckigkeit: Diese Haltung schließt an das Prinzip der expliziten Widerstandsakzeptanz an und enthält zwei Aspekte: Einerseits soll dem Klienten klargemacht werden, dass sein Widerstand nicht dazu führen wird, dass der Auftrag seitens der Fachkraft beendet wird, andererseits bleibe ich „ihnen dabei freundlich zugewandt und halte mein Beziehungs- und Kooperationsangebot trotzdem aufrecht" (Mayer 2009, 221).

Strukturierte Intervention: Mayer schlägt vor, die Beziehung anhand der Strukturen von Problemlösungsschritten zu organisieren. Die verschiedenen Problemlösungsschritte implizieren Teilziele und bauen aufeinander auf (Mayer 2009). Zu den Überlegungen von Mayer kann ergänzt werden, dass Hilfsmittel zur Strukturierung die Einschätzbarkeit der Interaktion zwischen Klient und Fachkraft verbessern können. Dabei ist besonders an Visualisierungstechniken, offen geführte Checklisten und Merkblätter zu denken. In empirischen Untersuchungen zur Wirksamkeit von Interventionen im Bereich der Resozialisierung hat sich herausgestellt, dass strukturierte Vorgehensweisen den unstrukturierten Angeboten überlegen sind (Andrews/Bonta 2010). Nach Trotter gelten diese arbeitsfeldbezogenen Erkenntnisse für den gesamten Bereich des Zwangskontextes (Trotter 2009). Der Beziehungsstil in Zwangskontexten soll somit einen strukturierenden, ordnenden Charakter aufweisen. Eine gemeinsam besprochene und schriftlich festgehaltene Tagesordnung erleichtert die Orientierung. Die Klienten werden nicht mit „Überraschungsmomenten" konfrontiert und erhalten dadurch Sicherheit und Kontrolle. Dieses Prinzip der Strukturierung sorgt dafür, dass die zentrale Thematik des Auftrags nicht aus den Augen verloren wird, und macht allen Akteuren klar, was der Zweck der Beziehung ist. In einer kanadischen Studie zur Bewährungshilfepraxis konnte gezeigt werden, dass eine Mehrheit der im Assessment identifizierten Themen und die danach geplanten Ziele in den späteren Gesprächen nicht mehr aufgenommen wurden (Bonta et al. 2008). Solche Tendenzen können mit einer (für beide Seiten) leitenden methodischen Struktur reduziert werden.

6.4 Techniken der Beziehungsgestaltung

Nachfolgend werden zwei Techniken der Beziehungsgestaltung vorgestellt, welche sich für Zwangskontexte anbieten, um den Besonderheiten der Beziehung adäquat Rechnung zu tragen: Bei der ersten Technik geht es darum, auf der Beziehungsebene prosoziales Verhalten zu verstärken und zu modellieren. Die zweite Technik schlägt eine Beziehungsgestaltung vor, die sich an den Grundbedürfnissen und Motiven der Klientschaft orientiert (Kap. 5.1) und durch die Ausrichtung der Beziehung an dem, was der Klient braucht, eine konstruktive Arbeitsbeziehung gestalten soll.

Prosoziale Beziehungsgestaltung, Verstärkung und Modellierung: Wie bereits zur Anwendung von Empathie ausgeführt wurde, ist es notwendig, dass sich die Fachkräfte in Zwangskontexten gegenüber ihren Klienten und deren Normverletzungen eindeutig positionieren.

Eine derartige Abgrenzung und Zurückweisung ist auch eins von vier Elementen des von Trotter (2001) als Förderung prosozialen Verhaltens bezeichneten Ansatzes zur Arbeit mit Klienten in Zwangskontexten. Diesen Ansatz hält er von allen von ihm vorgestellten Ansätzen für den aussichtsreichsten. Bei seiner Einschätzung stützt er sich auf empirische Studien, die den Erfolg diverser Ansätze unter kontrollierten Bedingungen im Feld untersuchten. Das Element der Zurückweisung unerwünschter Verhaltensweisen und Äußerungen bezieht sich etwa auf die Feststellung und Ablehnung von kognitiven Verzerrungen und Rechtfertigungen unerwünschter Verhaltensweisen (Kap. 5.3, Problemeinsicht). Auf derartige Äußerungen darf die Fachkraft nach Trotters Überzeugung nicht empathisch reagieren, sondern muss auf der Beziehungsebene deutlich ihre Missbilligung zum Ausdruck bringen. Derartiges Verhalten kann die Fachkraft möglicherweise vor dem Hintergrund der jeweiligen Lebensumstände des Klienten nachvollziehen und verstehen, sie darf es jedoch keinesfalls billigen (Trotter 2001). Somit ist die prosoziale methodische Orientierung einerseits für die Förderung der Problemeinsicht funktional, andererseits stellt sie ein grundlegendes Prinzip der Beziehungsgestaltung in Zwangskontexten dar.

Beispiele für Zurückweisungen unerwünschter Verhaltensweisen und Äußerungen sind (modifiziert nach Trotter 2001):

- Ignorieren von Verhalten
- Betonung, dass die Sozialarbeiterin mit den Aussagen nicht übereinstimmt
- Hinweis darauf, dass diese Äußerungen nur Rechtfertigungen für inakzeptables Verhalten sind

Zurückweisungen von Äußerungen und Verhaltensweisen sollten sich beschränken auf die Bereiche, deretwegen es zur Zusammenarbeit unter Zwangsbedingungen gekommen ist (Trotter 2001). Dabei sollten Missbilligungen und Abgrenzungen nicht vorherrschen. Als Faustregel empfiehlt Trotter, dass auf eine missbilligende Äußerung vier unterstützende Reaktionen kommen sollten. Dazu zählen drei weitere Elemente des Ansatzes, deren gemeinsames Kennzeichen eine positive Verstärkung erwünschter Aussagen und Verhaltensweisen ist (Trotter 2001).

Erkennen von prosozialen Kommentaren und Verhaltensweisen: Eine wichtige Voraussetzung für das Modellieren angemessenen und angestrebten Verhaltens ist die Fähigkeit der Fachkraft, entsprechende Ansätze in den Interaktionen mit dem Klienten zu erkennen; Beispiele hierfür sind (modifiziert nach Trotter 2001):

- Bemerkungen eines misshandelnden Elternteils, der den Schaden erkennt, den die Kindesmisshandlung verursachen kann
- Aussagen, in denen erkannt wird, dass Kinder Gefühle und Entwicklungsbedarf haben, beispielsweise die Bemerkung einer Mutter, dass ihr Kind sehr verstört gewesen sei, nachdem es geschlagen worden war
- Bemerkungen, in denen die körperlichen Bedürfnisse von Kindern reflektiert werden, beispielsweise Aussagen, dass Babywindeln regelmäßig gewechselt werden sollten
- Feststellungen, aus denen hervorgeht, dass die Rolle der Sozialarbeiterin so zu verstehen ist, dass die Interessen des Kindes das wichtigste Anliegen sind
- Aussagen, die erkennen lassen, dass die Klientin das Bedürfnis hat, ihre erzieherischen Fähigkeiten zu verbessern
- Bemerkungen, die Wege zu einer Verbesserung der erzieherischen Fähigkeiten vorschlagen
- Äußerungen, die einen Fallplan befürworten, der in Bezug auf eine bestimmte Familie entwickelt wird

Belohnen von prosozialen Äußerungen und Handlungen: Dieses zweite Element der Förderung prosozialen Verhaltens bezieht sich auf die klassische Einsicht der Lerntheorie, nach der Verhalten am ehesten geformt wird, wenn es belohnt wird. Lob gilt dabei als besonders wirksames Instrument. Es sollte wohldosiert und möglichst direkt auf die Vorlage bezogen sein, nicht routinemäßig erfolgen und zu den belohnten Anlässen passen (Trotter 2001). In der folgenden Auflistung werden einige Beispiele aus dem Fundus von Trotter (2001, modifiziert) zusammengestellt:

> **BEISPIEL**
>
> Das **Einhalten von Verabredungen** ist ein sozial erwünschtes Handeln, das belohnt werden sollte. Es ist ein guter Einfall, zum Klienten zu sagen: „Es ist schön, dass es Ihnen möglich war, heute pünktlich zu erscheinen und auch die letzten paar Termine einzuhalten; es schaut wirklich aus, als ob Sie die Sache ernst nehmen würden." Dies ist besser, als einfach zu bemerken: „Es ist schön, Sie heute zu sehen." Die Idee dahinter ist, dass Verhaltensweisen oder Bemerkungen erkannt und großzügig gelobt werden, allerdings unter Berücksichtigung des Umstands, dass Lob nur dann wirksam ist, wenn es dem Klienten aufrichtig erscheint.
>
> Einen Klienten zu Hause besuchen, anstatt ihn ins Büro kommen zu lassen (oder umgekehrt, abhängig von der Person); einen Klienten auf andere Ressourcen verweisen; Reduzieren der Besuchskontakte oder (in Abhängigkeit von der Situation) mehr Zeit mit dem Klienten verbringen; Besuche zu Zeitpunkten, die vom Klienten gewählt sind; Organisieren von finanzieller oder praktischer Unterstützung für den Klienten, z.B. Unterstützung bei Renovierungsarbeiten, beim Einrichten oder beim Transport.

Modellbildung von prosozialen Verhaltensweisen: Trotter bezeichnet damit das modellhafte Vorleben des erwünschten Verhaltens durch die Fachkraft. Hierzu darf die Fachkraft auch ansatzweise auf biografische Erfahrungen zurückgreifen (Trotter 2001, 192): „Eine SozialarbeiterIn bemerkt möglicherweise, wie schwierig sie es gefunden hat, als ihre Kinder noch klein waren, obwohl es ihr gelungen ist, körperliche Bestrafung zu vermeiden." Inwieweit Selbstöffnung und Einsetzen persönlicher Informationen geeignete Methoden des Modellierens sein können, erörtert Trotter (2001) in den Kapiteln 2 und 6 seines Buches. De Boer/Coady (2006) weisen in ihrer qualitativen Studie über Beziehungsgestaltung mit unfreiwilligen Klienten im Kindesschutz darauf hin, dass eine „bodenständige" Art des Kommunizierens und Vermeiden allzu aufgesetzter Professionalität für die Beziehungsgestaltung förderlich sind. Die (gezielte) Relativierung „menschlichen Versagens" anhand bewusst eingesetzter Selbstöffnungen kann ein realistisches Modell schaffen. Einige Beispiele für Möglichkeiten des Modellierens am Beispiel einer Sozialarbeiterin im Kinderschutzbereich finden sich in der folgenden Auflistung (modifiziert nach Trotter 2001; mit weiteren Ergänzungen):

- Die Sozialarbeiterin sollte da sein, wenn sie einen Termin vereinbart hat.
- Sie sollte anrufen, um einen Termin zu verschieben.
- Sie sollte vereinbarte Arbeitsschritte zwischen den Sitzungen protokollieren und Absprachen verbindlich einhalten.

- Sie sollte mit ihrer Selbstorganisation und Arbeitstechnik für die Familie als Kompetenzmodell dienen.
- Sie sollte die Familie so respektvoll behandeln, wie sie sich den Umgang der Familienmitglieder mit den Kindern wünscht.
- Sie sollte sich positiv über die eigenen Kinder äußern und vermitteln, wie wichtig es ist, dass Kinder gut betreut werden.
- Sie sollte Einfühlungsvermögen für die Situation der Kinder, aber auch gleichermaßen für die Situation der Eltern zeigen (ohne über mangelndes soziales Verhalten hinwegzusehen).

Das ausführlich vorgestellte Modell von Trotter (2001) wird bei vielen Lesern Bedenken hervorrufen – den Autoren dieses Buches erging es ähnlich. Insbesondere die sehr mechanistisch erscheinende Belohnungsstrategie erwünschten Verhaltens stimmt nicht mit den Idealen selbstbestimmten Lebens überein – wird doch eindeutig von außen gesetzt, was einerseits als erwünschtes und andererseits als inakzeptables Verhalten bewertet wird. Außerdem stellt sich die Frage, ob hier nicht unreflektiert die Ideale der eigenen Lebenswelt den Klienten als zu verstärkendes Modell aufgedrückt werden sollen. Trotter selbst sind derartige kritische Einwände nicht verborgen geblieben. Einige Fragen, mit denen er sich kritisch auseinandersetzt, sind in der folgenden Auflistung (nach Trotter 2001) zu finden:

- Stehen die als Belohnungen eingesetzten Anreize den Klienten nicht ohnehin zu?
- Was ist, wenn Klienten sozial erwünschte Aussagen machen, ihr Verhalten jedoch nicht mit ihren Aussagen übereinstimmt?
- Ist das Modell oberflächlich?
- Ist dieser Ansatz manipulativ?
- Erfordert eine effektive Vorgehensweise nicht die Betonung der Ziele der Klienten?
- Ist dieser Ansatz wertend?
- Ist der prosoziale Ansatz kulturunabhängig anwendbar?

Das wichtigste Argument Trotters besteht darin, dass empirische Feldstudien unter Kontrollbedingungen diesen Ansatz als am ehesten Erfolg versprechend nachweisen. In seiner Schlichtheit und Klarheit stellt er überdies eines der wenigen Modelle dar für einen methodisch und empirisch abgesicherten Umgang mit einer Untergruppe von Klienten in Zwangskontexten, jenen mit Gefährdungspotenzial. Je schwächer ein derartiges Gefährdungspotenzial ist, desto stärker ist allerdings die Maxime zu beachten, die Klienten an der Definition von Zielen und Wegen zu beteiligen. Allenfalls für einen eng zu definierenden Teil der Klientel in Zwangskontexten kommt dieses Modell infrage. Große Teile von Klienten in Zwangskontexten lassen sich nicht darunter subsumieren. In der Arbeit mit dieser Klientel ist das Modell folglich nicht anwendbar. Hingegen scheint es bei allen Klienten für die Beziehungsgestaltung von basaler Wichtigkeit zu sein, einen motivorientierten Beziehungsansatz zu gestalten. Das bedeutet, dass in der professionellen Interaktion stets darauf geachtet wird, die motivationale Selbstregulation der Klienten zu unterstützen.

Motivorientierte Beziehungsgestaltung: Bei der motivorientierten Beziehungsgestaltung (Caspar 2008), die bis vor Kurzem als „komplementäre Beziehungsgestaltung" bezeichnet wurde, handelt es sich um eine spezifische therapeutische Technik, welche nicht nur für psychotherapeutische Arbeitsfelder erfolgreich evaluiert ist, sondern zunehmend in Zwangskontexten der Sozialen Arbeit auf Interesse stößt (Mayer 2009; Caspar/Belz 2012; Klug/Schaitl 2012; Klug/Zobrist 2016) und in der Zwangskontextpraxis umgesetzt werden kann (Zobrist 2015). Der Ansatz geht davon aus, dass Menschen im Rahmen ihrer biografischen Lern- und Entwicklungsprozesse spezifische, teilweise automatisierte Denk- und Handlungsmuster etabliert haben, um in annähernder oder vermeidender Weise ihre psychischen Grundbedürfnisse zu befriedigen (Kap. 2.1). Diese verschiedenen Denk- und Handlungsmuster können in sogenannten „Planstrukturen" hierarchisch rekonstruiert werden, die konkrete Ziele und verschiedene Mittel zur Erreichung dieser Ziele umfassen.

BEISPIEL
Eine Klientin im Kindesschutz könnte in der Beziehung mit der Sozialarbeiterin des **Jugendamtes** hauptsächlich von dem folgenden intrapsychischen Plan angetrieben sein: „Sorge dafür, dass die Sozialarbeiterin nicht denkt, ich sei eine schlechte Mutter."
Zu dieser Planstruktur sind die folgenden Unterpläne denkbar, sie dienen der Erfüllung des übergeordneten Plans:
„Zeige, wie toll du die Freizeit mit deinem Sohn gestaltest."
„Mache klar, dass du nicht überfordert bist."
„Betone, wie wichtig dir die Rolle als Mutter ist."
„Zeige, wie liebevoll du dich für die Belange des Kindes interessierst."
„Erzähle der Sozialarbeiterin vom letzten tollen Ausflug in den Zoo."

Diese Pläne wiederum sind mit konkreten Verhaltensweisen verknüpft, beispielsweise im vorliegenden Fall mit einer ausführlichen Erzählung der Mutter, wie kompetent und anregend sie das letzte Wochenende mit ihrem Sohn verbracht hat. Diese Pläne und die dahinter stehenden Motive könnten in diesem Beispiel dazu dienen, das psychische Grundbedürfnis des Selbstwertschutzes und der Selbstwerterhöhung (Grawe 2004) zu regulieren. In den Beratungsgesprächen des Zwangskontextes könnte man sich verschiedene Planstrukturen denken, die alle – jeweils miteinander verknüpft – dazu dienen, die Bedürfnisbefriedigung (oder mit anderen Worten: die Selbstregulation) in der Situation sicherzustellen. Im obigen Fallbeispiel ist es denkbar, dass die Sozialarbeiterin des Jugendamtes auf die Schilderungen der Mutter zum Zoobesuch direkt eingeht, die Selbstregulation der Klientin nicht beachtet und die Mutter mit der folgenden Intervention bei ihrer Erzählung unterbricht:

> **Sozialarbeiterin:** „Das ist ja schön, was Sie mit Ihrem Sohn unternommen haben. Das finde ich ja auch toll, aber ich möchte jetzt mit Ihnen über Ihre Wutausbrüche reden, die jeweils zu körperlichen Misshandlungen Ihres Kindes führen."

Diese Reaktion ist zwar hinsichtlich der Auftragsorientierung in diesem Gespräch wichtig, andererseits wird die Klientin damit in der konkreten Gesprächssituation ihr (legitimes!) psychisches Grundbedürfnis nach Selbstwertschutz und Selbstwerterhöhung nicht befriedigen können. Es ist damit zu rechnen, dass sie weitere Pläne aktiviert, welche ihren Selbstwert schützen. Sie wird womöglich wiederholt betonen, dass sie eine kompetente Mutter ist, sie wird vielleicht erzählen, wie liebevoll sie jeweils ihren Sohn zu Bett bringt etc. Damit gelingt es ihr, ihr Bedürfnis zu regulieren und gleichzeitig die Konfrontation mit der problematischen Situation durch die Sozialarbeiterin zu vermeiden. Insofern ist es für die Beziehungsgestaltung zwischen der Sozialarbeiterin und der Klientin von großer Wichtigkeit, dass es der Sozialarbeiterin durch ihre gezielte Interaktionsstrategie gelingt, dass die Klientin in ihrem Selbstwert gestärkt ist und sie ihren Plan, unaufhörlich vom Zoobesuch zu erzählen, mit der Zeit aufgeben kann. Diese Intervention fokussiert einerseits einen komplementären Aspekt, indem sich die Sozialarbeiterin in ihrer Beziehung komplementär zur Klientin verhält, andererseits sucht die Sozialarbeiterin nach einem übergeordneten Plan, der für die konkrete Situation unproblematisch ist. Wenn es die Sozialarbeiterin schafft, mit ihrer Reaktion das Bedürfnis des Selbstwertschutzes der Klientin zu befriedigen, macht sie es erst möglich, die Misshandlungsthematik zu problematisieren. Wie soll sich die Klientin andernfalls darauf einlassen, wenn mit der Artikulation ihres Fehlverhaltens sogleich ihr Selbstwert sinkt?

Die folgende beziehungsgestaltende Intervention der Sozialarbeiterin würde den Motiven und Plänen der Klientin möglicherweise besser gerecht werden:

> **BEISPIEL**
>
> „**Ich sehe,** dass Sie sich viele wichtige Überlegungen zur Freizeitgestaltung Ihres Sohnes gemacht haben, und finde es toll, dass Sie sich einen Zoobesuch leisten konnten und sich die Zeit am Sonntag dafür genommen haben. Ihr Sohn hat bestimmt Freude gehabt, nicht?" […] „Mir als Sozialarbeiterin des Jugendamtes ist es ein wichtiges Anliegen, die Kompetenzen der Mütter und Väter zu stärken. Durch Ihre Schilderungen kann ich mir gut vorstellen, wie bewusst Sie sich für Ihr Kind engagieren." […] „Ich sehe grad, wie wichtig Ihnen ein liebevoller Umgang mit Ihrem Sohn ist."

Damit wird das grundlegende Motiv der Klientin, ihren Selbstwert zu schützen, direkt befriedigt, sie kann eine die Beratungsbeziehung nur wenig konstruktiv beeinflussende Verhaltensweise aufgeben und ist möglicherweise zunehmend bereit, sich auf die Thematik der Misshandlung einzulassen. Dies bedingt eine komplementäre Haltung der Fachkraft und die Bereitschaft, zunächst die Selbstregulation der Klientin zu ermöglichen, damit eine Arbeitsbeziehung zum Tragen kommen kann. Im Unterschied zu einer etwas pauschaleren ressourcenorientierten Intervention, welche ebenfalls die Stärken der Klientin und das positive Funktionieren der Freizeitgestaltung thematisieren würde (Gehrmann/Müller 2016), versucht die motivorientierte Beziehungsgestaltung, gezielt die Pläne und die dahinter liegenden Motive zu erfüllen, welche der spezifischen Bedürfnisregulation dienen. Dieser Zugang vereinfacht es, sowohl ressourcenorientiert als auch konfrontierend-problematisierend zu intervenieren, weil auf der Beziehungsebene die Selbstregulation der Klientin ermöglicht wird und auf der Inhaltsebene gleichzeitig ein problematischer Aspekt thematisiert werden kann.

Die Voraussetzung zur Anwendung dieses Beziehungsgestaltungsansatzes beginnt damit, die Bedürfnisse und Pläne und die damit verbundenen Verhaltensweisen zunächst analytisch zu erfassen und zu verstehen. Dieser Vorgang erfolgt parallel zur „normalen" Gesprächsführung und gelingt bei zunehmender Übung besser. Die Fachkraft muss für sich ein hypothetisches Modell der Motiv- und Planstruktur der Klientin entwickeln. Erst danach kann sie sich eine komplementäre, motivorientierte Reaktionsweise auf einer übergeordneten hierarchischen Planebene überlegen und diese umsetzen. Es ist denkbar, dass ihre Annahme über die Planstruktur nicht zutreffend war. Dann gilt es, sich eine alternative Planstruktur wiederum hypothetisch zu erschließen. Caspar und Belz betonen, dass es nicht darum geht, stets „lieb" mit den Klienten zu sein:

„Wir haben deutliche Hinweise gefunden, dass in den Therapien mit den besten Ergebnissen die Therapierenden keineswegs immer lieb und nett sind. Sie fordern die Patienten und Patientinnen auch, schlagen etwa schwierige Maßnahmen vor und konfrontieren gelegentlich, aber auf der Basis einer guten, flexibel dem Patienten/der Patientin angepassten Therapiebeziehung und eines methodisch flexiblen Vorgehens" (Caspar/Belz 2012, 64).

Hinter dem Ansatz der motivorientierten Beziehungsgestaltung, der mit dieser kurzen Einführung keinesfalls direkt für die Praxis adaptiert werden kann, sondern vielmehr zur theoretischen Vertiefung und zu praktischer Übung motivieren soll, steht ein Menschenbild, welches davon ausgeht, dass nicht gegen das psychische Grundfunktionieren „angekämpft" werden kann, sondern vielmehr, dass es die Profis in den Beratungsbeziehungen in Zwangskontexten schaffen müssen, die Selbstregulation der Klienten zu befriedigen, damit überhaupt an den Zielen des Auftrags gearbeitet werden kann. Dem ist anzufügen, dass dieses Grundverständnis in das Selbst- und Rollenverständnis von professionellen Helfern in Zwangskontexten integriert werden sollte, was sich als praktikabel erwiesen hat (Zobrist 2015).

Die Beziehungsgestaltung und damit die Qualität der Zwangsbeziehung ist ein wichtiger Indikator für die Verlaufsbeurteilung des Falles, die beispielsweise in der kollegialen Beratung oder Supervision stattfindet: De Boer/Coady (2006) weisen in der Schlussfolgerung ihrer empirischen Studie aus dem Kindesschutz darauf hin, dass die genaue Analyse der Helfer-Klient-Beziehung in Zwangskontexten wichtige Hinweise auf die Entwicklung eines Falles gibt. Insofern lohnt es sich, den Beziehungsaspekt im Rahmen weiterer methodischer Entwicklungen zur Sozialen Arbeit im Zwangskontext zu vertiefen. Ebenfalls könnte es künftig von Bedeutung sein, das Beziehungsverhalten von Klienten in Zwangskontexten in operationalisierter Form einzuschätzen und die Ergebnisse gezielt für die Interventionsplanung und Beziehungsgestaltung zu nutzen (Yatchmenoff 2005). Kähler/Gregusch (2015) weisen in ihrem Methodenbuch zu Erstgesprächen auf die Wichtigkeit der Vertrauensbildung hin. In Zwangskontexten ist dieser Aspekt der Beziehung, bedingt durch die Verschränkung von Hilfe und Kontrolle sowie das Machtungleichgewicht, von hoher Bedeutung. Problematisch für die Beziehungsgestaltung und das professionelle Handeln scheint weniger die Rolle der Kontrolle, sondern eher die Entwicklung von Misstrauen bei den Fachkräften zu sein, wie dies Niehaus (2016) in den ersten Ergebnissen einer Studie zu Misstrauen im Zwangskontext der schweizerischen (bedarfsorientierten) Sozialhilfe vorgestellt hat. In dieser Hinsicht besteht ein weiterer Forschungs- und Methodenentwicklungsbedarf.

„Beziehung ist alles"(?) In der Methodenliteratur wird bisweilen argumentiert, dass Soziale Arbeit primär „Beziehungsarbeit" sei (kritisch dazu: Klug 2014). Die Beziehungsgestaltung, die inhaltliche Thematik und der Kontext der psychosozialen Hilfe bilden jedoch eine Einheit, deren Elemente sich aufeinander beziehen. Auch wenn die Beziehungsarbeit, besonders in Zwangskontexten, von hoher Bedeutung ist, ist sie kein Selbstzweck und wird ein Stück weit zur Erreichung der übergeordneten Ziele instrumentalisiert. Kanfer et al. (2006, 125) haben zum Verhältnis von Inhalt, Beziehung und Kontext in der Psychotherapie die folgende Analogie formuliert, die auch für Soziale Arbeit in Zwangskontexten gelten mag:

„Man könnte sich das therapeutische Geschehen bildlich in Analogie zu einem Elektrokabel vorstellen, bei dem die ‚problembezogenen, inhaltlichen Informationen' [...] dem metallischen, stromleitenden Kern entsprechen, während die ‚therapeutische Allianz' [...] und die ‚äußeren Merkmale der Therapiesituation' [...] die isolierende Ummantelung bilden. In der Realität gibt es schnell einen ‚Kurzschluss', wenn die Ummantelung fehlt; umgekehrt ‚läuft nichts', wenn der metallische Drahtkern nicht vorhanden ist. Beide, Metallkern und Ummantelung, sind notwendig für ein einwandfreies Funktionieren."

7 Soziale Arbeit in Zwangskontexten – Fazit und Ausblick

Zwangskontexte in der Sozialen Arbeit weisen Unterschiede auf: So lässt sich beispielsweise die Zwangsberatung in der Schwangerschaftskonfliktberatung nur schwer mit den Besonderheiten anderer Arbeitsfelder wie der Suchtberatung (Therapie statt Strafe) oder der Sozialen Arbeit in der Strafjustiz oder im Bereich der Kindeswohlgefährdung vergleichen. In jedem Arbeitsfeld gibt es unterschiedliche Handlungsmaximen und Handlungsspielräume für die Soziale Arbeit und für die Klienten. Die bisherigen Ausführungen haben verdeutlicht, dass die Bezeichnung „Zwangskontext" für höchst unterschiedliche Ausprägungen eingeschränkter Autonomie der Klienten steht, zwischen Zwang im engeren und weiteren Sinne unterschieden werden muss und komplexe Vorgänge der Motivation in Verbindung mit strukturellen Rahmenbedingungen (Regeln, Ressourcen, Macht) eine Rolle spielen. Zum Abschluss des Buches soll dennoch versucht werden, einige übergreifende Aspekte der Thematik hervorzuheben und weiterführende Fragen zu formulieren.

Quantitative Bedeutung: Die Darstellung hat verdeutlicht, dass die Arbeit mit Klienten in Zwangskontexten in der Praxis der Sozialen Arbeit einen sehr hohen Stellenwert hat. Vieles spricht dafür, dass selbst initiierte Kontakte durchschnittlich mit einem Anteil von ca. einem Drittel – gemessen an allen Klientenkontakten – eher in der Minderzahl sind. Dabei soll nicht verschwiegen werden, dass in einer Minderheit von Einrichtungen Zwangskontexte nicht oder selten vorkommen.

Die überwiegende Mehrzahl aller Klientenkontakte findet fremdinitiiert, beispielsweise durch Netzwerkangehörige, statt oder spielt sich aufgrund von rechtlichen Vorgaben in institutionellen Zwangskontexten ab. Zwar ist die Basis für diesen Befund (Kähler 2005) nicht repräsentativ, und eine bessere Absicherung dieser vorläufigen Erkenntnis ist anzustreben. Es würde sich lohnen, eine Prävalenzstudie zu institutionellen Zwangskontexten und Zwangselementen in der Sozialen Arbeit durchzuführen. Nichtsdestotrotz macht diese quantitative Relevanz deutlich, dass die spezifischen methodischen Herausforderungen, die sich mit dieser Klientengruppe ergeben, im Rahmen der Aus-, Fort- und Weiterbildung zu vertiefen sind. Diese Besonderheiten des Zwangskontextes gelten auch für den Transfer von Methoden in die Soziale Arbeit: Es spricht vieles dafür, den „Methodenimport" aus der Beratungspsychologie und Psychotherapie unter dem Gesichtspunkt der Eignung für Zwangskontexte kritisch zu überprüfen (weiterführende Überlegungen zum Methodentransfer bei Galuske 2011). Die Möglichkeiten und Chancen der Methodenentwicklung können allerdings nicht unabhängig vom Forschungsstand zu Zwangskontexten diskutiert werden (beachte dazu den nachfolgenden Punkt).

Zwangskontexte als aussichtsreiche Ausgangssituation für Veränderungen: Auch wenn robuste empirische Befunde zu Wirkungen in Zwangskontexten der Sozialen Arbeit noch ausstehen, deutet der bisherige Stand der Forschung darauf hin, dass Zwangskontexte nicht zwingend Aussichtslosigkeit für Veränderungen bedeuten und zwingend negative Erfahrungen bei den Klienten erzeugen. Diese Vorstellung ist zwar verbreitet, wird jedoch widerlegt durch die Praxiserfahrung, dass Änderungen häufig ihren Ausgangspunkt in Zwangskontexten haben. In der in diesem Buch zusammengefassten Erkundungsstudie von Kähler (2005) wurde eine durchschnittliche Erfolgsquote von knapp 50% für nachhaltig positive Veränderungen bei Klientenkontakten in Zwangskontexten ermittelt – naturgemäß mit einer enormen Spannbreite zwischen den Institutionen und Fachkräften. Einige Befunde deuten darauf hin, dass Zwangskontexte wirken können, sofern bestimmte methodische Prinzipien beachtet werden (Kap. 3.1): Das methodische „ABC", die Auftrags- und Rollenklärung („A"), die Arbeit an der Motivation („B") und eine spezifische Beziehungsgestaltung („C"), scheint für positive Effekte in Zwangskontexten eine wichtige Bedeutung zu haben.

Ein Ausgangspunkt erfolgreicher Tätigkeiten in Zwangskontexten liegt im beruflichen Selbstverständnis der Sozialarbeitenden und ihrer Bereitschaft, mit Klientinnen zu arbeiten, die sich die Hilfe nicht gewünscht haben. Zum methodischen Repertoire der Fachkräfte gehören die Auftrags- und Rollenklarheit, die Wissensbasierung ihrer Methoden sowie die rechtliche und ethische Legitimierung ihrer Interventionen. Über diese methodischen Zusammenhänge sind zwar in der Methodenliteratur erste Ideen skizziert worden, gleichzeitig steht das vertiefte empirische Verständnis von den Bedingungen und Wirkfaktoren sowie die Interaktion der vorher genannten Aspekte noch aus. Auch hier sind weitere Untersuchungen erforderlich.

Vielzahl von Handlungsvorschlägen für die Arbeit mit Klientinnen in Zwangskontexten: Die herangezogene Literatur belegt, dass es einen breiten Fundus von Vorschlägen und Handlungsempfehlungen für den Umgang mit Klienten in Zwangskontexten gibt. An vielen Stellen sind diese Vorschläge zwar allgemein gehalten und bedürfen einer weiteren Abklärung, Überprüfung und

Kontextualisierung. Zudem stellt schon jetzt die Vermittlung derartiger Handlungsempfehlungen im Studium sowie in Fort- und Weiterbildungsveranstaltungen eine wichtige Vorbereitung auf diese schwierige berufliche Ausgangssituation dar. Besonders die Ausführungen zu den Prinzipien „ABC" zeigen auf, dass eine erfolgreiche Integration der verschiedenen methodischen Zugänge wie die systemischen Ansätzen, die motivierende Gesprächsführung und kognitiv-verhaltensorientierten Methoden in Zwangskontexten möglich ist (Zobrist 2012b, Klug/Zobrist 2016). Auch die Ansätze aus der Motivationspsychologie bieten hier für die Soziale Arbeit vielversprechende Handlungsmöglichkeiten – zumal die Motivation zur Veränderung als wichtige Schlüsselkomponente in Zwangskontexten erkannt wurde (Zobrist 2012a) und unter der Voraussetzung, dass Zwangskontexte durch diesen Zugang nicht vereinfachend „individualisiert" werden.

Forschungsbedarf: Die Ausführungen in diesem Buch erwähnen wiederholt, dass viele Fragen noch ungeklärt sind. Für die weitere Entwicklung von Methoden in Zwangskontexten sind vertiefte Forschungen notwendig. Rooney meint dazu: „[...] there is no overarching theory or model about what works with involuntary clients" (2009, 63). Er skizziert den Forschungsbedarf in Zwangskontexten in den Bereichen Ethik, evidenzorientierte Praxis, Auswirkungen und Einfluss von Zwang und Wirkungen von Zwangskontexten bei marginalisierten Klientengruppen. Ebenfalls sollen vergleichende, arbeitsfeld- und länderübergreifende Studien durchgeführt und eine gute Praxis von Fachkräften und Organisationen dokumentiert werden (Rooney 2009). Diese Befunde wären auch deshalb wichtig, weil die sozialarbeitstheoretische Akzeptanz und Verortung von Zwangskontexten und Zwangselementen keinesfalls vollumfänglich gegeben sind (Lindenberg/Lutz 2014). Wenn empirische Befunde vorliegen, sind Fragen zum Dürfen und Sollen von Zwangskontexten und Zwang in der Sozialen Arbeit fundierter zu klären, als wenn sich dies primär auf normative Argumente stützt. Die Bemühungen der (Kinder- und Jugend-)Psychiatrie, zwischen Professionalitätsansprüchen, rechtlichen Vorgaben und ethischen Kriterien – gestützt auf empirische Befunde – Lösungen zu finden (Steinert 2013; Schneller/Bernardon 2016), könnte der Sozialen Arbeit als Vorbild dienen.

Sozialpolitische Dimension: Der Hinweis auf die auch von Fachkräften geteilte optimistische Einschätzung, dass aus Zwangskontexten positive und nachhaltige Veränderungen entstehen können, darf nicht als generelles Plädoyer für vermehrten Zwang oder für den Ausbau institutioneller Zwangskontexte missverstanden werden. Dies ist insbesondere unter dem Blickwinkel der Veränderungen des Sozialstaates und der aktuellen Prämissen des „aktivierenden

Sozialstaates" kritisch zu reflektieren, insbesondere dann, wenn sich Sanktionierungen zum sozialarbeiterischen Alltagsrepertoire etablieren (Eser Davolio et al. 2013). In diesem Zusammenhang gewinnt die Diskussion um das „doppelte Mandat" (Bönisch/Lösch 1973), welche im kapitalismuskritischen Kontext der 1970er-Jahre zur Funktion von Hilfe und Kontrolle in der Sozialen Arbeit geführt wurde, wieder an Aktualität. Ob sich diese Frage der Mandatierung angesichts der vielfältigen Kontextbedingungen, der weiteren Professionalisierung der Sozialen Arbeit und der in diesem Buch aufgezeigten motivationspsychologischen Vorgehen und vielfältigen Beziehungsdynamiken in der traditionellen Hilfe/Kontrolle-Dichotomie verorten lässt, wäre kritisch zu prüfen. Möglicherweise geht es künftig eher um die Frage, wie viel Autonomie der Profession sozialpolitisch zugestanden wird, oder besser formuliert: ob es der Sozialen Arbeit in Zwangskontexten gelingt, empirisch nachzuweisen und ethisch zu begründen, weshalb sie mit welchen Methoden in Zwangskontexten tätig ist und/oder Zwangselemente einsetzt. Das von Kaminsky (2015) aus ethischer Sicht eingebrachte Kriterium „Indikationsvorbehalt" setzt genau hier an.

Das in Kap. 5.2 eingeführte transtheoretische Veränderungsmodell betont die Schwierigkeit von Veränderungsvorhaben und plausibilisiert die Möglichkeit des „Scheiterns". Dieses „Scheitern" kann auch die Annahme der im Zwangskontext „angebotenen" Leistungen der Sozialen Arbeit betreffen: Die Klienten lehnen es – möglicherweise unter Inkaufnahme von Nachteilen – ab, mit Fachkräften an Veränderungsprozessen zu arbeiten. Das Akzeptieren des Nichtgelingens, trotz Anwendung aller professionellen Standards und Kompetenzen, gehört zum beruflichen Alltag und lässt sich am ehesten ertragen als Ausdruck des Respekts vor der autonomen Entscheidung des Klienten, der trotz aller Bemühungen angebotene Hilfen ablehnt und damit Änderungschancen nicht wahrnimmt. Es ist zu betonen, dass in einem liberalen Rechtsstaat – in Achtung der Freiheitsrechte der Bürger – das „Recht auf Nichtveränderung" gilt!

Wenn also Zwangskontexte als konstruktive Elemente Sozialer Arbeit durchaus akzeptabel erscheinen, ist dennoch zu präzisieren, welche Umstände und Grenzen beachtet werden müssen, damit positive Folgen und legitime Ziele Sozialer Arbeit zu erwarten sind (beachte dazu die „ABC"-Prinzipien). Ausformungen von Zwangskontexten, die diesen Zielen im Wege stehen – insbesondere neuere sozialpolitische Entwicklungen – gilt es zu kritisieren. Auf keinen Fall darf das Plädoyer für einen konstruktiven Einsatz von Zwangskontexten missbraucht werden für die ungehemmte Ausweitung von Zwangsmaßnahmen zur Sanierung des Sozialstaates und zur Disziplinierung von sozial Schwachen und Abweichenden. Die Entscheidung über Akzeptanz oder Ablehnung von unter Druck an eine Person herangetragenen Handlungsempfehlungen und Angeboten muss, so weit wie möglich, weiterhin im autonomen Entscheidungsspielraum der Betroffenen bleiben. Eine Ablehnung darf kein Abgleiten unter ein gesellschaftlich vereinbartes Minimum an Lebensqualität zur Folge haben (Bibus 2009).

Weil sich die Soziale Arbeit in Zwangskontexten auch beraterischer Methoden bedient, ist die Skepsis der Beratungswissenschaften zur Thematik des Zwangskontextes ebenfalls zu beachten: Nestmann (2012, 27) äußert sich nach einer kritischen Analyse der Praxis und der methodischen Positionen rund um Zwangskontexte zur Thematik des Zwanges in Beratungssituationen und konstatiert dazu: „Zwang entwertet professionelle Beratung […]." Er plädiert zusammengefasst dafür, nur von „Beratung" zu sprechen, wenn die Wahlfreiheit der Klienten und ihre Beratungsrechte in jeglicher Hinsicht gewahrt werden. Andernfalls sei „Widerstand [die] Pflicht" (Nestmann 2012, 27). Gleichzeitig zieht er eine Grenzlinie zwischen Interventionsformen, die sich auf Zwangskontexte einlassen [wie eben die Soziale Arbeit, Anm. der Autoren], und professioneller „Beratung", die das eben nicht tut (Nestmann 2012; beachte dazu auch die identische Argumentation von Großmaß 2010).

Die „Zweite Frankfurter Erklärung zur Beratung" der Deutschen Gesellschaft für Verhaltenstherapie (DGVT) fordert (u.a.), dass keine Beratung im Sinne der beratungswissenschaftlichen Definition durchgeführt werden dürfe, wenn die Wahlfreiheit und Freiwilligkeit nicht gewährleistet sei:

„Es wird damit […] die Frage aufgeworfen, welche qualifizierte Form der Intervention erfolgen kann und sollte, wenn die Voraussetzungen für Beratung nicht gegeben sind" (DGVT 2012, 160).

Insofern zeigt es sich hier, dass nicht nur die vorher erwähnten sozialpolitischen Einwände, sondern auch beratungstheoretische (und -politische) Diskurse bei der Weiterentwicklung der Methodik der Sozialen Arbeit in Zwangskontexten kritisch zu prüfen sind. Ob es der Sozialen Arbeit mit ihrer Abhängigkeit vom Sozialstaat überhaupt möglich ist, hier vergleichbare Grenzen zu ziehen, wie dies die Beratungswissenschaft tut, sei dahingestellt.

Zusammengefasst scheint es in genereller Hinsicht notwendig zu sein, sozialarbeiterisches Handeln in Zwangskontexten einerseits sozialarbeitstheoretisch, -methodisch, -empirisch und -ethisch noch weiter zu erkunden, zu reflektieren und einzuordnen. Andererseits gilt es für die Fachkräfte in Zwangskontexten, die sozialpolitischen Rahmenbedingungen und die neueren Entwicklungen des Sozialstaates kritisch im Auge zu behalten.

Literatur

Albrecht, M., Lattwein S., Urban-Stahl, U. (2016): Der Hausbesuch im Kontext des Schutzauftrags bei Kindswohlgefährdung. Neue Praxis 46 (2), 107–124

Andrews, D. A., Bonta, J. (2010): The Psychology of Criminal Conduct. 5th Ed. Anderson, Cincinnati

Bandura, A. (1997): Self-Efficacy. The Exercise of Control. 10th Ed. Freeman, New York

Bartmann, U. (2010): Verhaltensmodifikation als Methode der Sozialen Arbeit. 3. Aufl. dgvt-Verlag, Tübingen

Becker-Lenz, R., Gautschi, J., Rüegger, C. (2015): Nicht-standardisiertes Wissen und nicht-methodisches Können in der sozialen Diagnostik. Neue Praxis 45 (3), 270–279

Behnisch, M. (2014): Eltern haften für ihre Kinder? Themen und Herausforderungen in der Arbeit mit Eltern delinquenter Jugendlicher. Zeitschrift für Jugendkriminalrecht und Jugendhilfe (4), 335–340

Bibus, T. (2009): Involuntary Clients and Work in the Era of Welfare Reform. In: Rooney, R. (Ed.): Strategies for Work with Involuntary Clients. 2nd Ed. Columbia University Press, New York, 402–422

Böhnisch, L., Lösch, H. (1973): Das Handlungsverständnis des Sozialarbeiters und seine institutionelle Determination. In: Otto, H. U., Schneider, S. (Hrsg.): Gesellschaftliche Perspektiven der Sozialarbeit. 2. Aufl. (Bd. 2), Luchterhand, Neuwied, 21–40

Bohler, K. F., Franzheld, T. (2010): Der Kinderschutz und der Status der Sozialen Arbeit als Profession. Sozialer Sinn 11 (2), 187–217

Bohmeyer, A. (2011): Ressourcenorientierung. Kritisch-konstruktive Reflexion über einen Paradigmenwechsel sozialprofessionellen Handelns. Soziale Arbeit 10/11, 378–383

Bonta, J., Rugge, T., Scott, T.-L., Bourgon, G., Yessine, A. K. (2008): Exploring the Black Box of Community Supervision. Journal of Offender Rehabilitation, 47, 248–270

Bosshard, M., Ebert, U., Lazarus, H. (2007): Sozialarbeit und Sozialpädagogik in der Psychiatrie. 3. Aufl. Psychiatrie Verlag, Bonn

Buchholz-Graf, W. (2001): Wie kommt Beratung zu den Scheidungsfamilien? – Neue Formen der interdisziplinären Zusammenarbeit für das Kindeswohl. Praxis der Kinderpsychologie und Kinderpsychiatrie 50, 293–310

Caspar, F. (2008): Motivorientierte Beziehungsgestaltung – Konzept, Voraussetzungen bei den Patienten und Auswirkungen auf Prozess und Ergebnisse. In: Hermer, M., Röhrle, B. (Hrsg.): Handbuch der therapeutischen Beziehung. Band 1. dgvt-Verlag, Tübingen, 527–558

Caspar, F., Belz, M. (2012): Motivorientierte Beziehungsgestaltung. In: Zobrist, P. (Hrsg.): Soziale Arbeit mit Pflichtklientschaft. Werkstatthefte der Hochschule Luzern. Interact, Luzern, 62–65

Conen, M.-L. (2013): Wie kann ich Ihnen helfen, mich wieder loszuwerden? In: Conen, M. L., Cecchin, G. (Hrsg.): Wie kann ich Ihnen helfen, mich wieder loszuwerden? Therapie und Beratung in Zwangskontexten, 4. Aufl. Carl-Auer, Heidelberg, 15–176

Conen, M.-L. (1999): „Unfreiwilligkeit" – ein Lösungsverhalten. Zwangskontexte und systemische Therapie und Beratung. Familiendynamik 24 (3), 282–297

De Boer, C., Coady, N. (2006): Good Helping Relationships in Child Welfare: Learning from Stories of Success. Child and Family Social Work 12, 32 – 42
Deci, E. L., Ryan, R. M. (1985): Intrinsic Motivation and Self-Determination in Human Behavior. Plenum, New York
Demand, J. (1990): Zwangsmaßnahmen. Umgang mit Gefahr und Gewalt. In: Bock, Th. (Hrsg.): Hand-Werks-Buch Psychiatrie. Psychiatrie Verlag, Bonn, 400 – 411
Dewberry Rooney, G. (2009): Oppression and Involuntary Status. In: Rooney, R. (Ed.): Strategies for Work with Involuntary Clients. 2nd Ed. Columbia University Press, New York, 349 – 386
DGVT, Deutsche Gesellschaft für Verhaltenstherapie, Forum Beratung (2012): Zweite Frankfurter Erklärung zur Beratung. Verhaltenstherapie & psychosoziale Praxis 44 (1), 145 – 180
Dickenberger, D., Gniech, G., Grabitz, H.-J. (2001): Die Theorie der psychologischen Reaktanz. In: Frey, D., Irle, M. (Hrsg.): Theorien der Sozialpsychologie. Bd. 1: Kognitive Theorien. Huber, Bern, 243 – 274
Dollinger, B., Schmidt-Semisch, H. (Hrsg.) (2011): Gerechte Ausgrenzung? Wohlfahrtsproduktion und die neue Lust am Strafen. VS-Verlag für Sozialwissenschaften, Wiesbaden
Drewes, M., Krott, E. (1996): Der Schlüssel zum Glück? Zwang als konstruktiver Beitrag zur Gestaltung von Beziehungen. Zeitschrift für systemische Therapie 14 (3), 197 – 202
Epiktet (1992): Wege zum glücklichen Handeln. Insel, Frankfurt a. M.
Eser Davolio, M., Guhl, J., Rotzetter, F. (2013): Erschwerte Kooperation in der Sozialhilfe. Sozialarbeitende im Spannungsfeld von strukturellen Rahmenbedingungen und Professionalität. Edition gesowip, Basel
Festinger, L. (1957): A theory of cognitive dissonance. Row / Peterson, Evanston
Fine, S. F., Glasser, P. H. (1996): The First Helping Interview. Engaging the Client and Building Trust. Sage Publications, Thousand Oaks, London
Floyd Taylor, M. (2005): Social Workers and Involuntary Treatment in Mental Health. Advances in Social Work 6 (2), 240 – 250
Flückiger, C., Wüsten, G. (2008): Ressourcenaktivierung. Ein Manual für die Praxis. Verlag Hans Huber, Bern
Forrester, D., Westlake, D., Georgia, G. (2012): Parental Resistance and Social Worker Skills: Towards a Theory of Motivational Social Work. Child and Family Social Work 17, 118 – 129
Frank, D., Perry, J. C., Kean, D., Sigman, M., Geagea, K. (2005): Effects of Compulsory Treatment Orders on Time to Hospital Readmission. Psychiatric Services 56 (7), 867 – 869
Fuller, C., Taylor, P. (2012): Therapie-Tools Motivierende Gesprächsführung. Beltz, Weinheim
Galuske, M. (2011): Methoden der Sozialen Arbeit. 9. Aufl. Juventa, Weinheim
Gegenhuber, B., Werdenich, W., Kryspin-Exner, I. (2007): Justizieller Zwang, Motivation und Therapieerfolg. Monatsschrift für Kriminologie und Strafrechtsreform 90, 304 – 316
Gehrmann, G., Müller, K. D. (2016): Aktivierende soziale Arbeit mit nicht-motivierten Klienten. 4. Aufl. Walhalla Fachverlag, Regensburg
Germain, C. B., Gitterman, A. (1999): Praktische Sozialarbeit. Das „Life Model" der sozialen Arbeit. 3. Aufl. Enke, Stuttgart
Giddens, A. (1997): Die Konstitution der Gesellschaft. Campus, Frankfurt / New York
Göckler, R. (2012): Zwangskontexte in der Beschäftigungsförderung. Beratung unter Sanktionsdruck. Verhaltenstherapie & psychosoziale Praxis 44 (1), 83 – 97
Gold, N. (1990): Motivation: The Crucial but Unexplored Component of Social Work Practice. Social Work, 35(1), 49 – 56
Grawe, K. (2004): Neuropsychotherapie. Hogrefe, Göttingen
Großmaß, R. (2010): Hard to Reach — Beratung in Zwangskontexten. In: Labonté-Roset, C., Hoefert, H.-W., Cornel, H. (Hrsg.): Hard to Reach — Schwer erreichbare Klienten in der Sozialen Arbeit. Schibri-Verlag, Berlin, 173 – 185

Gschwend, G. (2009): Mütter ohne Liebe. Vom Mythos der Mutter und seinen Tabus. Verlag Hans Huber, Bern
Gumpinger, M. (2001): „Zwangsbeglückung" oder Wie viel Freiwilligkeit braucht Soziale Arbeit. In: Gumpinger, M. (Hrsg.): Soziale Arbeit mit unfreiwilligen KlientInnen. edition pro mente, Linz, 11–24
Hampe-Grosser, A. (2003): Systemisches Case Management mit Multiproblemfamilien. In: Kleve, H., Haye, B., Hampe-Grosser, A., Müller, M. (Hrsg.): Systemisches Case Management. Dr. Kersting-Verlag, Aachen, 137–213
Hartung, J. (2010): Sozialpsychologie. Psychologie in der Sozialen Arbeit. 3. Aufl. Kohlhammer, Stuttgart/Berlin/Köln
Hartung, J. (1997): Psychologische Begutachtung im Kontext der Gefährdung des Kindeswohls als „Intervention". Forum Erziehungshilfen 3 (1), 19–22
Heckhausen, H., Heckhausen, J. (Hrsg.) (2010): Motivation und Handeln. 4. Aufl. Springer, Berlin
Heiner, M. (2013): Bausteine einer diagnostischen Grundausstattung für die Soziale Arbeit. In: Gahleitner, S. B., Hahn, G., Glemser, R. (Hrsg.): Psychosoziale Diagnostik. Klinische Sozialarbeit. Psychiatrie Verlag, Bonn, 135–151
Herriger, N. (2002/2010): Empowerment in der Sozialen Arbeit. Eine Einführung. 2./4. Aufl. Kohlhammer, Stuttgart/Berlin/Köln
Hesser, K.-E. H. (2001): Soziale Arbeit mit Pflichtklientschaft – methodische Reflexionen. In: Gumpinger, M. (Hrsg.): Soziale Arbeit mit unfreiwilligen KlientInnen. edition pro mente, Linz, 25–41
Hochuli Freund, U., Stotz, W. (2015): Kooperative Prozessgestaltung in der Sozialen Arbeit 3. Aufl. Kohlhammer, Stuttgart
Hofinger, V. (2013): Desistance from Crime. Neue Konzepte in der Rückfallforschung. Neue Kriminalpolitik 25 (4), 317–325
Hoffmann, N., Hofmann, B. (2012): Selbstfürsorge für Therapeuten und Berater. 2. Aufl. Beltz, Weinheim
Hoops, S., Permien, H. (2008): „Wir werden Dir schon helfen!". Zwangskontexte im Rahmen von Kinder- und Jugendhilfe. Unsere Jugend 60 (3), 98–112
Institut für Sexualwissenschaft und Sexualmedizin am Universitätsklinikum Charité Berlin (2012): In: www.kein-taeter-werden.de, 17.11.2012
Ivanoff, A., Blythe, B., Tripodi, T. (1994): Involuntary Clients in Social Work Practice. De Gruyter, New York
Kähler, H. D. (2005): Soziale Arbeit in Zwangskontexten. Wie unerwünschte Hilfe erfolgreich sein kann. Ernst Reinhardt Verlag, München
Kähler, H. D. (1999): Beziehungen im Hilfesystem Sozialer Arbeit. Zum Umgang mit BerufskollegInnen und Angehörigen anderer Berufe. Lambertus, Freiburg i. Br.
Kähler, H. D., Gregusch, P. (2015): Erstgespräche in der sozialen Einzelhilfe. 6. Aufl. Lambertus, Freiburg i. Br.
Kähler, H. D., Zobrist, P. (2013): Soziale Arbeit in Zwangskontexten. Wie unerwünschte Hilfe erfolgreich sein kann. 2. Aufl. Ernst Reinhardt Verlag, München
Kaminsky, C. (2015): Soziale Arbeit zwischen Mission und Nötigung: ethische Probleme sozialberuflichen Handelns in Zwangskontexten. Ethik Journal 3 (2), 1–17
Kanfer, F. H., Reinecker, H., Schmelzer, D. (2006): Selbstmanagement-Therapie. Ein Lehrbuch für die klinische Praxis. Springer, Heidelberg
Kennealy, P. J., Skeem, J. L., Manchak, S. M., Eno Louden, J. (2012): Firm, Fair, and Caring. Officer-Offender Relationships Protect Against Supervision Failure. Law and Human Behavior, 1–9

Kisely, S. R., Campbell, L. A. (2014): Compulsory community and involuntary outpatient treatment for people with severe mental disorders. Cochrane Database of Systematic Reviews, 4.12.2014

Kisely, S. R., Campbell, L. A., Preston, N. J. (2010): Compulsory Community and Involuntary Outpatient Treatment for People with Severe Mental Disorders. Cochrane Database of Systematic Reviews (3)

Klug, W. (2014): Bewährungshilfe auf dem Weg zur Fachsozialarbeit? Programmatik einer zukunftsfähigen Profession. Bewährungshilfe – Soziales – Strafrecht – Kriminalpolitik (4), 396 – 409

Klug, W. (2012): Methoden Sozialer Arbeit im Zwangskontext: Helfen – Kontrollieren – Motivieren. In: Zobrist, P. (Hrsg.): Soziale Arbeit mit Pflichtklientschaft. Werkstatthefte der Hochschule Luzern – Soziale Arbeit. Interact, Luzern, 8 – 20

Klug, W., Schaitl, H. (2012): Soziale Dienste der Justiz. Perspektiven aus Wissenschaft und Praxis. Forum-Verlag Godesberg, Mönchengladbach

Klug, W., Zobrist, P. (2016): Motivierte Klienten trotz Zwangskontext. Tools für die Soziale Arbeit. 2. Aufl., Ernst Reinhardt Verlag, München

Köngeter, St. (2009): Professionalität in den Erziehungshilfen. In: Becker-Lenz, R., Busse, St., Ehlert, G., Müller, S. (Hrsg.): Professionalität in der Sozialen Arbeit. VS Verlag für Sozialwissenschaften, Wiesbaden

Körkel, J., Drinkmann, A., (2002): Wie motiviert man ‚unmotivierte' Klienten? Sozialmagazin 27 (10), 26 – 30

Kreutz, M. (2001): Zwischen Scylla und Charybdis. Jugendgerichtshelfer und Zeugenschaft. Unsere Jugend 53 (1), 16 – 20

Kühnapfel, B., Schepker, R. (2006): Katamnestische Nachbefragung von freiwillig und nicht freiwillig behandelten Jugendlichen. Praxis der Kinderpsychologie und Kinderpsychiatrie 55 (10), 767 – 782

Lee, C. D., Ayon, C. (2004): Is the Client-Worker Relationship Associated with Better Outcomes in Mandated Child Abuse Cases? Research on Social Work Practice 14 (5), 351 – 357

Lindenberg, M., Lutz, T. (2014): Soziale Arbeit in Zwangskontexten. In: AK HochschullehrerInnen Kriminologie/Straffälligenhilfe in der Sozialen Arbeit (Hrsg.): Kriminologie und Soziale Arbeit. Ein Lehrbuch. Juventa/Beltz: Weinheim, 114 – 126

Lipsey, M. W., Cullen, F. T. (2007): The Effectiveness of Correctional Rehabilitation. A review of Systematic Reviews. Annual Review of Law and Social Science 3 (1), 297 – 320

Lundahl, B. W., Kunz, C., Brownell, C., Tollefson, D., Burke, B. L. (2010): A Meta-Analysis of Motivational Interviewing: Twenty-Five Years of Empirical Studies. Research on Social Work Practice 20 (2), 137 – 160

Lutz, T. (2011): Zwang und Erziehung: Irrwege in der Jugendhilfe. In: Gintzel, U., Hirschfeld, U., Lindenberg, M. (Hrsg.): Sozialpolitik und Jugendhilfe. IGfH-Eigenverl: Regensburg, 149 – 159

Macsenaere, M. (2016): „Was wirkt?" Wirkungen und Grenzen der Hilfen zur Erziehung. Unsere Jugend 68, 194 – 204

Magnin, C. (2005): Beratung und Kontrolle. Widersprüche in der staatlichen Bearbeitung von Arbeitslosigkeit. Seismo, Zürich

Matter, H. (2001): Mediatives Arbeiten bei gerichtlichen Aufträgen und Mandaten. In: Gumpinger, M. (Hrsg.): Soziale Arbeit mit unfreiwilligen KlientInnen. edition pro mente, Linz, 81 – 95

Mayer, K. (2012): Verantwortungsübernahme und Verhaltensänderung. In Zobrist, P. (Hrsg.): Soziale Arbeit mit Pflichtklientschaft. Werkstatthefte der Hochschule Luzern – Soziale Arbeit. Interact, Luzern, 50 – 53

Mayer, K. (2009): Beziehungsgestaltung im Zwangskontext. In: Mayer, K., Schildknecht, H. (Hrsg.): Dissozialität, Delinquenz, Kriminalität. Ein Handbuch für die interdisziplinäre Arbeit. Schulthess, Zürich, 209–230

Menger, A. (2012): „What Works?" und „Who Works?" Wirksamkeit und Professionalität am Beispiel der Bewährungshilfe in den Niederlanden. In: Zobrist, P. (Hrsg.): Soziale Arbeit mit Pflichtklientschaft. Werkstatthefte der Hochschule Luzern – Soziale Arbeit. Interact, Luzern, 25–28

Menger, A., Donker, A. (2013). The Working Alliance in One-to-One Supervision. Presentation. World Congress of Probation. 8–10. Oct, London

Menk, S., Schnorr, V., Schrapper, C. (2013): „Woher die Freiheit bei all dem Zwange?" Langzeitstudie zu (Aus-)Wirkungen geschlossener Unterbringung in der Jugendhilfe. Beltz/Juventa, Weinheim

Mey, E. (2008): Das Zusammenspiel von Eltern, Sozialarbeitenden und Behörden – Ergebnisse aus den Fallanalysen. In: Voll, P., Jud, A., Mey, E., Häfeli C., Stettler, M. (Hrsg.): Zivilrechtlicher Kindesschutz: Akteure, Prozesse, Strukturen. Eine empirische Studie mit Kommentaren aus der Praxis. Interact, Luzern, 143–169

Meyer, W. U. (2000): Gelernte Hilflosigkeit. Grundlagen und Anwendungen in Schule und Unterricht. Huber, Bern/Göttingen/Toronto/Seattle

Meyers, R. J., Smith, J. E. (2009): CRA-Manual zur Behandlung von Alkoholabhängigkeit. Erfolgreicher behandeln durch positive Verstärkung im sozialen Bereich. 3. Aufl. Psychiatrie Verlag, Bonn

Miller, W. R., Rollnick, S. (2015): Motivierende Gesprächsführung. Motivational interviewing: 3. Aufl. des [englischsprachigen] Standardwerkes in Deutsch. Lambertus, Freiburg i. Br.

Miller, W. R., Rollnick, S. (2009): Motivierende Gesprächsführung. 3. Aufl. Lambertus, Freiburg i. Br.

Möbius, T. (2010): Ressourcenorientierung in der Sozialen Arbeit. In: Möbius, T., Friedrich, S. H. (Hrsg.): Ressourcenorientiert arbeiten. Anleitung zu einem gelingenden Praxistransfer im Sozialbereich. VS-Verlag für Sozialwissenschaften, Wiesbaden, 13–30

Nestmann, F. (2012): Zwangsberatung ist keine Beratung – Beratung braucht die Freiheit der Wahl. Verhaltenstherapie & psychosoziale Praxis 44 (1), 23–28

Neuenschwander, P., Hümbelin, O., Kalbermatter, M., Ruder, R. (2012): Der schwere Gang zum Sozialdienst. Wie Betroffene das Aufnahmeverfahren der Sozialhilfe erleben. Seismo-Verlag, Zürich

Niehaus, S. (2016): Wenn Misstrauen zur Routine wird. Magazin Hochschule Luzern (2), 38–41

Oertig, D. (2012): Motivation zur Verhaltensänderung erwecken und zielführend umsetzen. In: Zobrist, P. (Hrsg.): Soziale Arbeit mit Pflichtklientschaft. Werkstatthefte der Hochschule Luzern – Soziale Arbeit. Interact, Luzern, 21–24

Pantucek, P. (2009): Soziale Diagnostik. Verfahren für die Praxis Sozialer Arbeit. 2. Aufl. Böhlau, Wien

Pleyer, K. H. (1996): Schöne Dialoge in hässlichen Spielen? Überlegungen zum Zwang als Rahmen für Therapie. Zeitschrift für systemische Therapie 14 (3), 186–196

Pope, N. D., Kang, B. (2011): Social Work Students' Attitudes about Working with Involuntary Clients. Journal of Teaching in Social Work 31 (4), 442–456

Prochaska, J. O., Norcross, J. C. (2008): Phasen der Veränderung. In: Hermer, M., Röhrle, B. (Hrsg.): Handbuch der therapeutischen Beziehungsgestaltung. Band 1. dgvt-Verlag, Tübingen, 593–615

Rauchfleisch, U. (2001): Arbeit im psychosozialen Feld. Beratung, Begleitung, Psychotherapie, Seelsorge. Vandenhoeck und Ruprecht, Göttingen

Retkowski, A., Schäuble, B., Thole, W. (2011): „Diese Familie braucht mehr Druck…". Praxismuster im Allgemeinen Sozialdienst – Rekonstruktion der Bearbeitung eines Kinderschutzfalles. Neue Praxis 5 (5), 485–504

Retz, E. (2015): Hochstrittige Trennungseltern in Zwangskontexten. Evaluation des Elternkurses „Kinder im Blick". Springer VS, Wiesbaden

Rooney, R. H. (1992): Strategies for Work with Involuntary Clients. Columbia University Press, New York

Rooney, R. H. (Ed.) (2009): Strategies for Work with Involuntary Clients. 2nd Ed. Columbia University Press, New York

Rosch, D. (2011): Zwangskontext und „Zwangsbeglückung" in der gesetzlichen Sozialen Arbeit – Phänomen und rechtliche Aspekte. Schweizerische Zeitschrift für Soziale Arbeit (10/11), 84–107

Rösing, I. (2003): Ist die Burnout-Forschung ausgebrannt? Analyse und Kritik der internationalen Burnout-Forschung. Asanger, Kröning

Rossegger, A., Endrass, J., Borchard, B. (2012): Fehlerhafte Kognitionen: Grundlagen und Interventionen. In: Endrass, J., Rossegger, A., Urbaniok, F., Bochard, B. (Hrsg.): Interventionen bei Gewalt- und Sexualstraftätern. Risk-Management, Methoden und forensische Konzepte. Medizinisch Wissenschaftliche Verlagsgesellschaft, Berlin, 217–233

Rudolph, U. (2007): Motivationspsychologie. Kompakt. 2. Aufl. Beltz, Weinheim

Sachse, R. (2006): Therapeutische Beziehungsgestaltung. Hogrefe, Göttingen

Sachse, R., Langens, T. A., Sachse, M. (2012): Klienten motivieren. Therapeutische Strategien zur Stärkung der Änderungsbereitschaft. Psychiatrie Verlag, Bonn

Schallberger, P., Wyer, B. (2010): Praxis der Aktivierung. Eine Untersuchung von Programmen zur vorübergehenden Beschäftigung. UVK: Konstanz

Schaub, M., Stevens, A., Berto, D., Hunt, N., Kerschl, V., McSweeney, T., Oeuvray, K., Puppo, I., Santa Maria, A., Trinkl, B., Werdenich, W., Uchtenhagen, A. (2010): Comparing outcomes of "voluntary" and "quasi-compulsory" treatment of substance dependence in Europe. In: European Addiction Research 16 (1), 53–60

Schlippe, A. von, Schweitzer, J. (2010): Systemische Interventionen. 2. Aufl. Vandenhoek & Ruprecht, Göttingen

Schmidt, M., Schneider, K., Hohm, E., Pickartz, A., Macsenaere, M., Petermann, F., Knab, E. (2002): Effekte erzieherischer Hilfen und ihre Hintergründe. Kohlhammer, Stuttgart

Schneller, L., Bernardon, A. (2016): Freiwilligkeit in der Kinder- und Jugendpsychiatrie im Kontext von Selbstbestimmung und Fürsorge. Zeitschrift für Kindes- und Erwachsenenschutz (2), 115–139

Schober, B. (1993): Erlernte Hilflosigkeit. Die Gefahren traditioneller Sozialprogramme, herkömmlicher Sozialverwaltung und professioneller Sozialarbeit. Blätter der Wohlfahrtspflege 2, 45–46

Schone, R. (2001): Familien unterstützen und Kinder schützen – Jugendämter zwischen Sozialleistung und Intervention. In: Sozialpädagogisches Institut im SOS-Kinderdorf (Hrsg.): Jugendämter zwischen Hilfe und Kontrolle. Sozialpädagogisches Institut im SOS-Kinderdorf, München, 51–89

Schone, R., Gintzel, U., Jordan, E., Kalscheuer, M., Münder, J. (1997): Kinder in Not. Vernachlässigung im frühen Kindesalter und Perspektiven Sozialer Arbeit. Votum, Münster

Schwabe, M. (2012): Professionelle Beziehungen in Zwangskontexten. Zeitschrift für Jugendkriminalrecht und Jugendhilfe 1, 71–80

Schwabe, M. (2008): Zwang in der Heimerziehung? Chancen und Risiken. Ernst Reinhardt Verlag, München

Skeem, J. L., Manchak, S. (2008): Back to the Future: From Klockar's Model of Effective Supervision to Evidence-based Practice in Probation. Journal of Offender Rehabilitation, 47, 220–247.

Staub-Bernasconi, S. (2007): Soziale Arbeit als Handlungswissenschaft. Haupt, Bern
Stavemann, H. (2007): Sokratische Gesprächsführung in Therapie und Beratung. 2. Aufl. Beltz, Weinheim
Steinert, T. (2013): Autonomie und Zwang. In: Rössler, W., Kawohl, W. (Hrsg.): Soziale Psychiatrie. Das Handbuch für die psychosoziale Praxis (Bd. 1). Kohlhammer: Stuttgart, 428–438
Steinert, T., Hinüber, W., Arenz, D., Röttgers, H. R., Biller, N., Gebhardt, R. P. (2001): Ethische Konflikte bei der Zwangsbehandlung schizophrener Patienten. Entscheidungsverhalten und Einflussfaktoren an drei prototypischen Fallbeispielen. Nervenarzt 72 (9), 700–708
Steinert, T., Schmid, P. (2004): Effect of Voluntariness of Participation in Treatment on Short-Term Outcome of Inpatients with Schizophrenia. Psychiatric services 55 (7), 786–791
Stevens, M., Moriarty, J., Manthorpe, J., Hussein, S., Sharpe, E., Orme, J., Mcyntyre, G., Cavanagh, K., Green Lister, P., Crisp, B. (2012). Helping Others or A Rewarding Career? Investigating Student Motivations to Train as Social Workers in England. Journal of Social Work 12 (1), 16–36
Stiels-Glenn, M. (2010): Zum Umgang mit Rückfällen in der ambulanten Psychotherapie mit Sexualstraftätern. In: Hahn, G., Stiels-Glenn, M. (Hrsg.): Ambulante Täterarbeit. Intervention, Risikokontrolle und Prävention. Psychiatrie Verlag, Bonn, 92–124
Strass, U. (2004): „Irgendwie ist Herr Müller doch gestört!". Über Minenfelder der Sozialen Arbeit zwischen Hilfe und Kontrolle. Sozialmagazin 29 (3), 48–56
Stumm, G. (2002): Empathie. In: Deutscher Verein für öffentliche und private Fürsorge (Hrsg.): Fachlexikon der sozialen Arbeit. 5. Aufl. Eigenverlag, Frankfurt, 260
Thole, W. (2010): Die Soziale Arbeit – Praxis, Theorie, Forschung und Ausbildung. Versuch einer Standortbestimmung. In: Thole, W. (Hrsg.): Grundriss Soziale Arbeit. Ein einführendes Handbuch. VS-Verlag für Sozialwissenschaften, Wiesbaden, 19–71
Thornicroft, G., Farrelly, S., Birchwood, M., Marshall, M., Szmukler, G., Waheed, W., Byford, S., Dunn, G., Henderson, C., Lester, H., Leese, M., Rose, D., Sutherby, K. (2010): CRIMSON [CRisis plan IMpact: Subjective and Objective coercion and eNgagement] protocol: A Randomised Controlled Trial of Joint Crisis Plans to Reduce Compulsory Treatment of People with Psychosis. Trials 11 (102), 1–7
Trotter, C. (2009): Work with Involuntary Clients in Corrections. In: Rooney, R. (Ed.): Strategies for Work with Involuntary Clients. 2nd Ed. Columbia University Press, New York, 387–401
Trotter, C. (2001): Soziale Arbeit mit unfreiwilligen KlientInnen. In: Gumpinger, M. (Hrsg.): Soziale Arbeit mit unfreiwilligen KlientInnen. edition pro mente, Linz, 97–305
Urban, U. (2004): Professionelles Handeln zwischen Hilfe und Kontrolle. Sozialpädagogische Entscheidungsfindung in der Hilfeplanung, Juventa, Weinheim
Urban-Stahl, U. (2012): Der Status der Profession als Machtquelle in der Hilfeplanung. In: Huxoll, M., Kotthaus, J. (Hrsg.): Macht und Zwang in der Kinder- und Jugendhilfe, Beltz/Juventa, Weinheim, 140–152
Van Nijnatten, C., van Elk, E. (2015): Communicating Care and Coercion in Juvenile Probation. British Journal of Social Work 45, 825–841
Voelzke, W. (1998): Sinn und Zweck, Chancen und Grenzen der Behandlungsvereinbarung. In: Dietz, A., Pörksen, N., Voelzke, W. (Hrsg.): Behandlungsvereinbarungen. Vertrauensbildende Maßnahmen in der Akutpsychiatrie. Psychiatrie Verlag, Bonn, 16–28
Vogel, D. L., Wester, S. R., Larson, L. M. (2011): Avoidance of Counseling: Psychological Factors That Inhibit Seeking Help. Journal of Counselling and Development 85, 410–422
Vogt, I. (2012): Komplexe Kontexte: Wie kommen Süchtige in die Beratung und was folgt daraus für die Suchthilfe? Verhaltenstherapie & psychosoziale Praxis 44 (1), 37–59

Wagner, E., Russinger, U. (2002): Harte Wirklichkeiten. Systemisch-konstruktivistische Konzepte im Zwangskontext. In: Pfeifer-Schaupp, U. (Hrsg.): Systemische Praxis. Modelle, Konzepte, Perspektiven. Lambertus, Freiburg i. Br., 136–155

Warschburger, P. (Hrsg.) (2009): Beratungspsychologie. Springer, Heidelberg

Wigger, A. (2009): Der Aufbau eines Arbeitsbündnisses in Zwangskontexten – professionstheoretische Überlegungen im Licht verschiedener Fallstudien. In: Becker-Lenz, R. Busse, S., Ehlert, G., Müller, S. (Hrsg.): Professionalität in der Sozialen Arbeit: Standpunkte, Kontroversen, Perspektiven. VS-Verlag für Sozialwissenschaften, Wiesbaden, 143–158

Winiarski, R. (2012): KVT in Beratung und Kurztherapie. 2. Aufl. Beltz, Weinheim

Wirth, W. (1982): Bedingungen und Barrieren der Inanspruchnahme sozialer Dienste. Campus, Frankfurt/New York

Wittchen, H. U., Jacobi, F., Rehm, J., Gustavsson, A., Svensson, M., Jönsson, B., Olesen, J., Allgulander, C., Alonso, J., Faravelli, C., Fratiglioni, L., Jennum, P., Lieb, R., Maercker, A., Os, J. van, Preisig, M., Salvador-Carulla, L., Simon, R., Steinhausen, H. C. (2011): The Size and Burden of Mental Disorders and Other Disorders of The Brain in Europe 2010. European Neuropsychopharmacology 21, 655–679

Yatchmenoff, D. K. (2005): Measuring Client Engagement from The Client's Perspective in Nonvoluntary Child Protective Services. Research on Social Work Practice 15 (2), 84–96

Zinsmeister, J. (2015): (Wann) Ist Zwang in der Pädagogik erforderlich und gerechtfertigt? Plädoyer für einen menschenrechtsbasierten Ansatz in der Arbeit mit Kindern und Jugendlichen. Ethikjournal 3 (2), 1–16

Zobrist, P. (2015): Motivationsförderung im Frauenstrafvollzug. Kontextualisierung und Erprobung von manualisierten Interventionen im sozialpädagogischen Betreuungsalltag. Bewährungshilfe: Soziales – Strafrecht – Kriminalpolitik 62 (4), 336–348

Zobrist, P. (2012a): Motivationsförderung konkret. Manualisierte Interventionen zur Förderung der Veränderungsmotivation bei Pflichtklientinnen und -klienten. SozialAktuell 44 (3), 32–33

Zobrist, P. (Hrsg.) (2012b): Soziale Arbeit mit Pflichtklientschaft [Tagungsband]. Werkstatthefte der Hochschule Luzern. Interact, Luzern

Zobrist, P. (2010): Zehn Basisstrategien zur Förderung der Veränderungsmotivation und zum Umgang mit Widerstand im Kindes- und Erwachsenenschutz. Zeitschrift für Kindes- und Erwachsenenschutz 6, 431–444

Sachregister

Absichtsbildung 74–79
Absichtslosigkeit 74–80
Advocacy 45
Alkoholentzug 79
Alkoholkonsum (alkoholisiert, alkoholkrank) 86 f., 89, 95
Ambivalenz (ambivalent, Ambivalenzklärung) 38, 87 f., 74–79, 89–91, 105 f.
Anerkennung 89, 104
Angst (ängstlich) 17 f., 71 f., 89 f., 101 f.
Annäherungsziele 67, 73, 93
Anreize (s. Pull- und Pushfaktoren)
Arbeitgeber 23, 29, 57, 61
Arbeitsbeziehung 12, 15, 33, 52, 80, 97, 106 f., 114–116, 122
Arbeitsfeld 11–16, 19, 23 f., 36 f., 44, 47, 81, 115, 120, 125, 127
Arbeitslosigkeit (arbeitslos) 71, 73, 83, 133
Arzt, Ärzte 21, 34
Aufrechterhaltung 75–79
Auftraggeber 34, 60, 82
Auftrags- und Rollenklärung 41–43, 49–63, 76 f., 87, 94, 111, 115, 121–123
Auftragsdreieck 60
Ausschließung 49
Außendruck 96
Autonomie (Autonomieverlust, Autonomieeinschränkung) 16 f., 29–36, 40 f., 55, 87, 100 f., 108 f.

Bagatellisierung 83, 106
Bedürfnisse, ([psychische] Grundbedürfnisse) 52, 55, 64–67, 73, 86, 117, 120, 122
Belohnung, belohnen (s. u. Push- und Pullfaktoren)
Beratung 16–19, 21 ff., 62 f., 69 f.,
–, Inanspruchnahme von 17 f.
–, kollegiale 43, 45, 54, 104, 123
Beratungsbeziehung (s. a. Arbeitsbeziehung) 55, 69, 111, 122 f.

Beratungswissenschaft, Beratungspsychologie 126, 129
Berufsethik (s. u. Ethik)
Berufsmotivation 15, 97, 102
Beschäftigungsförderung 61
Bestrafung (bestrafen) (s. u. Push- und Pullfaktoren)
Besucher 20
Betreuer, Betreuung, gesetzliche 24, 38, 45, 53
Betreutes Wohnen 73
Bewährungshilfe 19, 24, 28, 37, 58, 109, 115
Beziehung 12, 30 f., 33, 38, 48, 53, 124
Beziehungsgestaltung 97 ff.
–, motivorientierte 120 ff.
–, prosoziale 116–119
Beziehungsregeln 109
Bindung, Bedürfnis nach 67
Burn-out 104

Case Management, Case Manager 39, 57
Checkliste 115

Defizit (Defizitorientierung, Defizitoptik) 40, 93 f., 107
Definition (von Zwangskontext) 7, 26, 31
Disputtechniken 82, 84 f.
Dissonanz (kognitive Dissonanz) 83, 100, 106
Doppeltes Mandat (s. u. Hilfe und Kontrolle)
Drogenberatung (s. a. Sucht, Suchtberatung) 77
Druck 10, 12, 21 f., 26, 40, 59, 61 ff., 70, 72, 110,
–, -mittel (s. Pull- und Pushfaktoren)
–, informeller 19, 77,

Eigeninitiative 18 ff.
Einstellungen, dysfunktionale 82–86
Empathie 82, 108, 112 ff., 116

Sachregister

Empowerment 95
Entscheidungsfreiheit 25
Erwartungs-mal-Wert-Theorien (s. a. Motivationspsychologie) 68
Erziehung, Erziehungshilfe 20f., 47, 63, 67f., 80, 108
Ethik, (Berufsethik, ethische Leitlinien, Professionsethik) 26, 44–49, 127
Externalisieren 83, 99, 106

Familiengericht ([Jugend-]Richter, Gericht,) 21, 23, 39, 44, 54, 84, 61, 67, 73, 77, 83f., 89, 95
Forschung (Forschungsbedarf, Forschungsstand, forschungsbasiert) 8, 12, 16, 35–41, 123
fremdinitiiert 14, 19–31
forensisch 8, 24, 135
Freiwilligkeit (Freiwilligkeitsgrad, Freiwilligkeitspostulat) 11, 20, 24f., 35–38, 80, 129
Fremdunterbringung 72, 87

Gefährdungspotenzial (s. a. Kindswohlgefährdung) 119
Gewalt, (gewaltförmig, gewalttätig) (s. a. Macht, Machtmissbrauch) 23, 25f., 28, 42, 83, 131
Grundrechte 26, 44
Gesundheit (Gesundheitsbereich, Gesundheitsversorgung) 16, 19, 67, 72, 87, 89
Gericht (s. u. Familiengericht)

Handlungsbereitschaft 17
Handlungsorientierte Ansätze 76f.
Handlungsspielraum 12, 19, 27–31, 41, 46ff., 51–56, 63f., 93, 98–107, 125
Hartnäckigkeit, freundliche 115
Helfer-Klient-Beziehung (s. u. Beziehungsgestaltung)
Helfermotivation (s. u. Berufsmotivation)
Hilfe und Kontrolle (doppeltes Mandat) 7, 24, 34, 37, 41–44, 53f., 104
Hilflosigkeit, erlernte 17f.
Hoffnungslosigkeit 18, 51

Identität, berufliche (s. a. Selbstverständnis) 43
Inkongruenz 66
Inkonsistenz 66

Interdisziplinär, interprofessionell 103, 130
Intervention, strukturierte 115

Joy-/Pain-Dilemma 88
Jugendamt 21, 24, 28, 50, 59, 61, 69, 72, 82, 121
Jugendgerichtshilfe 24, 110

Kindergarten 21, 72, 87
Kindeswohl(-gefährdung) 42, 63, 87, 103, 125, 130
Klagender 20
Klärungsorientierte Ansätze 76f.
Kognitive Verzerrungen 83, 116
Kognitiv-verhaltensorientierte Psychotherapie (kognitive Verhaltenstherapie) 37, 84
Kontaktmotivation 68f.
Kontaktverantwortung 24
Kontextveränderung 63
Kontrollauftrag 24, 34, 43
Kontrolle (s. a. Hilfe und Kontrolle) 23, 34, 40–47, 51, 55, 60, 67, 106, 113, 115, 123
Kontrolleure 102
Kooperation (Kooperationsbereitschaft) 12, 19f. 39ff., 51, 65, 82, 86, 99
Krankheitseinsicht (s. a. Problemsicht) 99
Kunde 19f.

Lebenswelt 119,
Legal (Legalität) 26, 32, 44ff., 48, 67, 113
Legitim (Legitimität, Legitimierbarkeit) 28, 44–48, 128
Leidensdruck 16, 81
Leugnen 80, 99, 102
Luststreben/Unlustvermeidung, Bedürfnis nach 67

Macht (Machtmissbrauch, Machtgefälle, Machtverhältnisse) (s. a. Gewalt) 25, 27–33, 39, 41f., 47ff., 68, 93ff., 110, 123, 125
Mediation 8
Methodenimport (Methodentransfer) 126
Minderheiten, soziale 17
Missbrauch, sexueller 58f.
Misstrauen 123

Sachregister

Modell der Veränderung, transtheoretisches 74–79
Modell-Lernen 84
Motivation (Motivationspsychologie) 25, 29, 37f., 49–51, 61, 65–93
Motivationale Schemata 66f.
Motivationsstufen (s. u. Veränderungsstufen)
Motivationswaage 88, 90
Motive 15, 27, 64, 66, 70, 73f., 116, 121f.
Motivierende Gesprächsführung [Motivational Interviewing] 55, 64, 68, 91, 100, 105f., 114, 127
Multilog 34, 59

Netzwerk (Einflüsse des, formelle/informelle, Netzwerkangehörige) 20–23, 26, 29, 60, 72–76, 83, 84, 92, 94–96, 103, 125
Neutralität 57
Normalisierung 60
Normen 28f., 48f., 61f., 64f., 85f.

Ohnmacht, doppelte 108f.
Orientierung und Kontrolle, Bedürfnis nach 55, 64, 67, 116, 121

Paradoxien 104
Partizipation 16, 36–41, 107
paternalistisch 94, 109
Pflichtklienten (Pflichtklientschaft) 23ff.
Pläne (Planstrukturen) 22, 66, 75f., 120ff.
Problemfunktionalität (s. a. Verhaltensanalyse) 82
Problemgewinn, sekundärer (s. a. Verhaltensanalyse) 101
Problemsicht (Problemeinsicht, fehlende) 22, 38, 49, 61, 76ff. 81–87, 91f., 116
Pro-soziales Modellieren 116–120
Psychiatrie 13, 23f., 34–36, 127
Psychotherapie 8, 17, 34, 50, 66, 68, 70, 76, 112, 124, 126
Pull- und Pushfaktoren (Anreize, Belohnung, Bestrafung) 45, 64, 70–74, 101, 118f.

Reaktanz 55, 97ff., 101–107
Reflexion (Selbstreflexion) 47f., 84, 104ff.
–, einfache (verstärkte, doppelseitige) 105
Resignation 99

Ressourcen 10, 17f., 27–31, 51, 76, 79,
–, -aktivierung 76
–, -orientierung 64, 87, 93–95, 111, 122, 125
Rollenklärung (Rollenklarheit) (s. u. Auftrags- und Rollenklärung)
Rubikon-Modell 70, 75f., 92

Scham, Schamgefühl 17, 80, 82, 86f.
Schemata, motivationale 66f.
Schizophrenie 42
Schulden 23, 43, 78
Schule 11, 21, 29, 72, 78, 80
Schwangerschaftskonfliktberatung 125
Schweigepflicht 86
Selbstbestimmung 26, 45f., 66, 89
selbst initiiert 14–20
Selbstmanagementtherapie 100
Selbstregulation 55, 66ff., 111, 120–123
Selbstverständnis, berufliches 53f., 97, 114, 126
Selbstwert 82, 86
–, -schutz (und -erhöhung, Bedürfnis nach) 67, 121
Selbstwirksamkeit, Selbstwirksamkeitserwartung 68, 81, 89, 111
Sokratische Fragen (-techniken) 84f.
Sozialhilfe 17, 21, 40, 123
Sozialpädagogische Familienhilfe (SPFH) 11
Sozialpolitik (sozialpolitisch) 40, 127–129
Sozialstaat 127ff.
Stigmatisierung (stigmatisieren) 17, 94
Straffällige (Strafvollzug) 23f. 71, 77, 81
Strukturierte Intervention (s. u. Intervention, strukturierte)
Student (Studium) 15, 67, 127
Sucht (Suchtberatung) (s. a. Drogenberatung) 10, 25, 35, 38, 50, 61, 71, 90, 125
Suizid (Suizidalität) 23
Supervision (s. a. Beratung, kollegiale) 45, 54, 103f., 123
Systemische Beratung (systemische Schule) 13, 78, 100, 127

Transparenz 42, 50, 55, 77, 114
Transtheoretisches Modell der Veränderung (s. u. Modell der Veränderung)
Trialog, Triangulation 34, 59

Triplemandat (s. a. doppeltes Mandat) 35, 46

Unfreiwilligkeit (unfreiwillig) (s. a. Freiwilligkeit) 7, 15, 19, 22, 35, 77, 118
Unterprivilegierte 17

Veränderungsmotivation (s. a. Motivation) 11, 22, 65—69, 74, 81
Veränderungsstufen 76—79
Verantwortung 24, 42, 80, 83, 88, 103, 113 f.
Verantwortungsumkehr 110 f.
Verfahrensrechte (s. u. Grundrechte)
Verhaltensanalyse 101
Verhältnismäßigkeit 26, 32
Vermeidung (Vermeidungsschemata, Vermeidungsziel) 66 f. 73, 82, 92 f.
Verstärkung (Verstärkungsprozesse, -effekte) 76, 83 f. 112, 116 f.
Vertrauen (Vertrauensbeziehung, Vertrauensverhältnis) 18, 39, 51 f. 58, 94, 112, 123
Vertraulichkeit (s. a. Informationen, Umgang mit) 58

Verzerrungen (s. a. kognitive Verzerrungen) 82 f., 87, 106, 116
Visualisierungstechniken 115
Vorgaben, gesetzliche (rechtliche, gesellschaftliche) 21—25, 39, 43, 45 f., 56, 71, 86, 103, 125, 127

Widerstand (s. a. Reaktanz) 25, 29, 33, 37, 45, 52, 56, 62 f., 75—80, 97—115, 129
Willensbildung 26, 70
Wirksamkeit 39, 70, 115
Wohnen 11, 73

Zeugnisverweigerungsrecht 58
Ziele 20 ff., 40 f., 49, 64—80, 89—93, 100, 120—128
Zwang 10, 25—32
–, im engeren Sinne 25 f.
Zwangsbehandlung 25, 36, 42
Zwangsberatung 125
Zwangselemente 12, 26, 30—36, 42—44, 47, 62, 102, 125, 127 f.
Zwangsmaßnahmen 47, 128

Hilfe, mir wird geholfen!

Wolfgang Klug /
Patrick Zobrist
**Motivierte Klienten
trotz Zwangskontext**
Tools für die
Soziale Arbeit
2. akt. Auflage 2016.
168 Seiten. 4 Abb. 5 Tab.
Mit 20 Arbeitsblättern als
Online-Zusatzmaterial.
(978-3-497-02593-0) kt

„Sie können mir doch eh nicht helfen!" Solchen Aussagen und Haltungen begegnen SozialarbeiterInnen, wenn sie mit unfreiwilligen KlientInnen arbeiten. In Zwangskontexten kann Motivation nicht vorausgesetzt werden, aber SozialarbeiterInnen können sie fördern!

Wie entsteht Motivation und wie kann sie verändert werden? Wie kann die Fachkraft-Klient-Beziehung motivationsfördernd gestaltet werden? Und wie geht man mit Widerstand professionell um? Auf die Grundlagen folgt ein umfangreiches Manual mit 15 Interventionsanleitungen für die konkrete Arbeit mit den KlientInnen.

Online: 26 Arbeitsblätter zum Downloaden und Ausdrucken!

ℰⱽ reinhardt
www.reinhardt-verlag.de

Konflikt erkannt – Konflikt gebannt

Franz Herrmann
Konfliktkompetenz in der Sozialen Arbeit
Neun Bausteine für die Praxis
2013.
258 Seiten. 10 Abb. 13 Tab.
Mit 9 Arbeitshilfen.
(978-3-497-02361-5) kt

Fachkräfte der Sozialen Arbeit sind immer wieder mit unterschiedlichen Konflikten konfrontiert: Probleme zwischen KlientInnen, aber auch Konflikte im Kollegenteam, mit AnsprechpartnerInnen im Jugendamt etc. Es kommt darauf an, Konflikte zu erkennen und zu verstehen sowie konstruktiv und kompetent mit ihnen umzugehen.

Neun Bausteine zur Selbst-, Fall- und Systemkompetenz in Konflikten bilden das Herzstück dieses Buchs. Grundlagen und Werkzeuge werden mit Hilfe von Fallbeispielen aus dem Allgemeinen Sozialen Dienst, der Offenen Jugendarbeit und der Schulsozialarbeit anschaulich dargestellt. Übungen und Arbeitshilfen erleichtern den Transfer in die Praxis.

www.reinhardt-verlag.de

Sei dein eigener Coach!

Georg Vogel
Selbstcoaching konkret
Ein Praxisbuch für
soziale, pädagogische
und pflegerische Berufe
2013. 198 Seiten. 10 Abb.
(978-3-497-02355-4) kt

Menschen in sozialen, pädagogischen und pflegerischen Berufen sind häufig ganz besonderen Stresssituationen ausgesetzt. Das vorliegende Buch bietet hier willkommene präventive Hilfe. Der Autor präsentiert ein genau auf diese Zielgruppe zugeschnittenes Programm zum Selbstcoaching anhand von fünf Schlüsselthemen:
- berufliche Identität,
- Umgang mit Konflikten,
- Zielorientierung,
- Entscheidungsfindung und
- Gestaltung der Rolle als Kollege/Kollegin und Mitarbeiter/Mitarbeiterin.

Mehr als 30 Übungen und Checklisten sowie viele anschauliche Praxisbeispiele ermöglichen den Leser-Innen, herausfordernden Situationen im Arbeitsleben selbstbewusster und aktiver zu begegnen.

ℰⱽ reinhardt

www.reinhardt-verlag.de